新双双中文教材

New Chinese Language and Culture Course

练习本 Workbook

第四册 双课 4B

王双双 编著

北京大学出版社
PEKING UNIVERSITY PRESS

NanHai
BRIDGING EAST & WEST

目　录

第二课　打电话 …………………………………………… 1

第四课　"马虎"的故事 …………………………………… 5

第六课　上学 ……………………………………………… 9

第八课　动物服装店 ……………………………………… 13

第十课　神笔马良 ………………………………………… 17

第十二课　冬天的风 ……………………………………… 21

第十四课　要下雨了 ……………………………………… 26

第十六课　蚕姑娘 ………………………………………… 30

第十八课　罐头盒 ………………………………………… 34

第二十课　等我也长了胡子 ……………………………… 39

第二课 打电话

练习一　　练习二　　练习三

一　写生词

留					
拿					
完					
喂					

拍	子				
礼	物				
伤	心				
北	京				

二　组词

留____　　拿____　　拍____　　伤____

礼____　　京____　　完____　　电____

三　打电话

（试着给中国的爷爷奶奶、朋友打电话）

例如：喂，奶奶好！我是小华。

我想奶奶啦！

四　读两遍课文前两段

第二课 打电话

练习一　　**练习二**　　练习三

一　抄课文（包括标点符号）

　　文文和我一样高，可是，她留着长长的头发，我留着短短的头发。文文和我一样喜欢打网球，不过，她左手拿拍子，我右手拿拍子。

二　选择填空

1. 文文和我一样高，可是她留着_____。

　　A. 长长的头发　　　B. 短短的头发

2. 文文和我一样喜欢_____。

　　A. 打水球　　　B. 打网球　　　C. 打篮球

3. 文文和我一样喜欢说话，我们_____。

　　A. 有说不完的话　　　B. 不说话

| 第二课 打电话 | 练习一 | 练习二 | 练习三 |

4. 我和文文在网上又_____地说话了。

    A.对面　　　　　　B.面对面

三　按偏旁部首分类

做　桃　特　教　收　物　样

攵—反文旁_____　　_____　　_____

牜—牛字旁_____　　_____　　_____

木—木字旁_____　　_____　　_____

四　造句

1. 不过_____

2. 礼物_____

五　读两遍课文后两段（有语气）

3

第二课 打电话

练习一　练习二　★练习三

一　写作练习《我的好朋友》（不少于五句）

　　提示：1. 朋友名字叫什么？

　　　　　2. 他（她）长得什么样子？

　　　　　　　高个子　大眼睛　长头发　爱笑

　　　　　　　小个子　小眼睛　短头发　爱说话

　　　　　3. 他（她）有什么爱好？你们一起做什么？

　　　　　　　游泳、打球、跳舞、唱歌

　　　　　　　看书、下棋、爬山、画画

_____

_____

_____

_____

_____

二　读儿歌《打电话》

第四课 "马虎"的故事

★ 练习一   ☆ 练习二   ☆ 练习三

一 写生词

咬					
烧					
马	虎				
故	事				
一	幅				

墙	上				
一	匹				
形	容				
粗	心				
认	真				

二 组词

马_____ 墙_____ 故_____ 匹_____ 幅_____

以_____ 形_____ 粗_____ 认_____ 觉_____

三 选字填空

一幅_____（画 车）   认_____（真 直）

一匹_____（牛 马）   学_____（校 咬）

四 读一遍课文

第四课 "马虎"的故事

练习一　练习二　练习三

一 看词语写拼音

觉得＿＿＿＿＿＿　　　　睡觉＿＿＿＿＿＿

校＿＿＿＿＿＿　　　　　咬＿＿＿＿＿＿

二 下面的字由几个部分组成？写出来

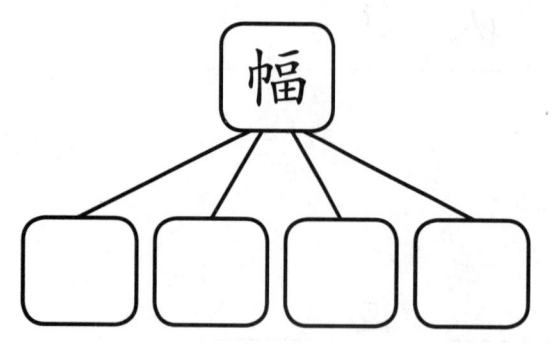
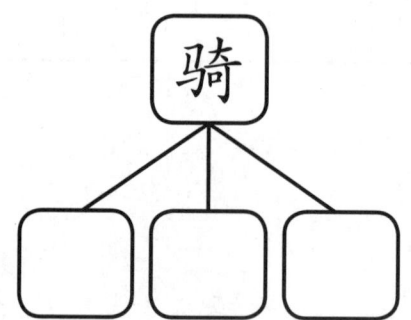

三 选词填空

　　射死　骑　叫　一匹

一天，大儿子在路上看见＿＿＿＿马，以为是老虎，就把马＿＿＿＿了。二儿子在山上看见一只老虎，以为是马，就要＿＿＿＿，＿＿＿＿老虎咬伤了。

第四课 "马虎"的故事

练习一　　★ 练习二　　☆ 练习三

四　造句

觉得＿＿＿＿＿＿＿＿＿＿＿＿＿＿＿＿＿＿＿＿＿＿＿＿＿

以为＿＿＿＿＿＿＿＿＿＿＿＿＿＿＿＿＿＿＿＿＿＿＿＿＿

五　按偏旁部首分类

净　墙　烧　凉　坏

土—提土旁＿＿＿＿＿＿　＿＿＿＿＿＿

火—火字旁＿＿＿＿＿＿　＿＿＿＿＿＿

冫—两点水＿＿＿＿＿＿　＿＿＿＿＿＿

六　读两遍课文

第四课 "马虎"的故事

练习一　　练习二　　练习三

一　根据课文判断对错

1. 画家的大儿子叫老虎咬伤了。　　　＿＿对＿＿错

2. 画家的二儿子把马射死了。　　　＿＿对＿＿错

3. 画家的两个儿子都不认识老虎。　　　＿＿对＿＿错

4. 画家把画烧了。　　　＿＿对＿＿错

二　读儿歌《小马虎》，给下图上颜色

看一看"牛"字和"午"字的区别

牛　　　　　　午

三　把"'马虎'的故事"讲给大家听

四　你做事情有没有马虎过？说来听听

第六课 上学

练习一　　练习二　　练习三

一　写生词

吗					
拍					
呀					
加					
语	文				
数	学				

等	于				
知	道				
告	诉				
一	共				
体	育				
抓	住				

二　组词

语____　　数____　　告____　　体____　　共____

等____　　知____　　抓____　　加____　　拍____

三　根据课文判断对错

1. 小华上学，小狐狸也上学。　　　　　___对___错

2. 狐狸学校教语文、数学和唱歌。　　　___对___错

3. 小狐狸不会数学，只会抓兔子。　　　___对___错

四　读两遍课文前两段

第六课 上学

练习一　★ 练习二　☆ 练习三

一　选词填空

等于　语文　知道　一堂

1. 星期一我有数学课和_____课。

2. 小朋友都知道一加一_____二。

3. 小狐狸不_____一加一等于二。

4. 这是_____数学课，老师正在讲课。

二　组词（每字组两词）

身体　道路　语言　等于

语文　体育　等等　知道

体	身体
	体育

语	

等	

道	

三　谜语：一口咬掉牛尾巴（打一字）

第六课
上学

练习一　　练习二　　练习三

四　写出下列字的拼音，再圈出每组字中的相同部分

狐_____　　狸_____　　抓_____

瓜_____　　里_____　　爬_____

五　按偏旁部首分类

狐　狸　碰　破　辆

石—石字旁_____　_____

车—车字旁_____　_____

犭—反犬旁_____　_____

六　造句

告诉_____

一共_____

七　读两遍课文第三段

第六课 上学

练习一　　练习二　　练习三

一　你学过哪些课程？什么课你最喜欢？

　　写出来（不少于三句）

_____

_____

_____

_____

二　读儿歌《上课歌》再填空

| 数学课　英文课　中文课 |
| 画画课　音乐课　体育课 |

_____，1，2，3；

_____，A，B，C；

_____，大，中，小；

_____，红，蓝，绿；

_____，哆，来，咪；

_____，练身体！

第八课 动物服装店

练习一　　练习二　　练习三

一　写生词

装					
蛇					
热					
双					
响					

舞	会				
老	板				
裙	子				
夜	晚				
月	光				

二　组词

舞_____　　店_____　　夜_____　　热_____

背_____　　裙_____　　响_____　　双_____

三　根据课文判断对错

1. 动物服装店的老板是猴子。　　　___对___错

2. 毛毛虫想买绿色的高跟鞋。　　　___对___错

3. 袋鼠要买上衣，但是不要口袋。　___对___错

4. 小青蛇没有腿，要买裤子。　　　___对___错

第八课 动物服装店

练习一　练习二　练习三

一　把下列句子写完整

1. 毛毛虫要买五双红色高跟鞋，因为_____。

2. 山羊不买毛衣，只要背心，因为_____。

3. 袋鼠想买上衣，不过上衣不要口袋，因为_____。

4. 蛇只想买一条花裙子，因为_____。

二　选择填空

1. 猴子是_____。（老板　老师）

2. 蛇买了一条_____。（花裤子　花裙子）

3. 袋鼠买上衣，_____上衣不要口袋。（不过　走过）

4. 毛毛虫买了五_____高跟鞋。（只　双）

5. 山羊只要_____。（毛衣　背心）

第八课 动物服装店

练习二

三 按偏旁部首分类

| 蛇 | 胖 | 板 | 服 | 蝴 | 树 |

月—月字旁_____ _____

虫—虫字旁_____ _____

木—木字旁_____ _____

四 造句

服装店_____

不一会儿_____

五 读两遍课文

第八课 动物服装店

练习一 练习二 **练习三**

一 缩写课文《动物服装店》（不少于五句）

_____

_____

_____

_____

二 请你设计漂亮的服装

背心/毛衣	花裙
上衣/裤子	鞋

第十课 神笔马良

练习一 ☆练习二 ☆练习三

一 写生词

良					
苦					
关					
座					
浪					
父	母				

卫	士				
急	忙				
越	来	越			
闪	闪	发	光		

二 选字组词

父（每 母）　　海（浪 良）　　（问 闪）光

一（座 坐）　　卫（土 士）　　（关 天）门

三 写出下列字的拼音，再圈出每组字中相同部分

浪_____　　滩_____　　海_____

良_____　　难_____　　每_____

四 读两遍课文

第十课 神笔马良

练习一　**练习二**　练习三

一　根据课文判断对错

1. 有个孩子叫马狼，他喜欢画画。　　　　　　　　　___对___错

2. 神仙送了马良一支笔，画东西能变成真的。　　　___对___错

3. 贪心的国王让马良画银子。　　　　　　　　　　___对___错

4. 马良画了大海，又在海里画了金山。　　　　　　___对___错

5. 国王上船要去金山，船翻了，国王

　　再也没有回来。　　　　　　　　　　　　　　___对___错

6. 国王喜欢马良。　　　　　　　　　　　　　　　___对___错

7. 马良不想给国王画画，他只想帮助穷人。　　　　___对___错

二　写出下列偏旁部首，并写出两个带有这个偏旁部首的字

1. 米字旁（　　）_____　_____

2. 示字旁（　　）_____　_____

3. 牛字旁（　　）_____　_____

4. 食字旁（　　）_____　_____

第十课 神笔马良

练习一　**练习二**　练习三

三　造句

慢慢_____

越来越_____

四　回答问题（写出完整的句子）

1. 马良有了神笔，他给穷人画了什么？

　　_____

2. 马良用神笔给国王画了什么？

　　_____

3. 要是国王把马良关起来，马良会画什么？

　　_____

五　讲一讲"神笔马良"的故事

第十课 神笔马良

练习一　练习二　**练习三**

一　缩写课文《神笔马良》（不少于五句）

_____

_____

_____

_____

_____

二　读《谁的年岁大》选择填空

1. 鹿大哥的年岁有_____了。

　A. 十几岁　　　B. 二十多岁　　　C. 五十多岁

2. 大象的年岁有_____了。

　A. 七十岁　　　B. 二十岁　　　C. 五十多岁

3. 天鹅的年岁有_____了。

　A. 八十多岁　　B. 七十多岁

4. 乌龟的年岁有_____了。

　A. 三百岁　　　B. 二百岁

第十二课 冬天的风

练习一　　　练习二　　　练习三

一 写生词

吹					
熊					
化					
调	皮				
活	动				
怕	冷				

窗	户				
滑	冰				
拉	琴				
野	外				
琴	师				
开	玩	笑			

二 组词

活＿＿＿＿　窗＿＿＿＿　怕＿＿＿＿　野＿＿＿＿　滑＿＿＿＿

琴＿＿＿＿　师＿＿＿＿　讲＿＿＿＿　化＿＿＿＿　开＿＿＿＿

三 选字填空

（活　舌）动　　（怕　拍）冷　　（熊　能）猫

（活　舌）头　　（怕　拍）打　　（滑　骨）头

四 读两遍课文（有语气）

第十二课 冬天的风

练习一　★练习二　练习三

一　选词填空

> 活动　调皮　躲　吹　开玩笑　窗户

冬天的风，像个_____的小男孩儿，爱_____。他一会儿_____到东，一会儿吹到西。他到了哪儿，哪儿就会_____起来。小熊怕冷，_____在家里。冬天的风拍打他的_____，叫他到雪地里玩儿。

二　组新字

小+大→☐　　人+人→☐　　身+朵→☐

日+寸→☐　　月+月→☐　　禾+火→☐

口+十→☐　　云+力→☐　　门+口→☐

木+对→☐　　走+己→☐　　门+人→☐

三　写出下列字的拼音，再圈出每组字中相同的部分

今_____　　外_____　　舌_____

琴_____　　处_____　　活_____

第十二课
冬天的风

练习一　　★ 练习二　　☆ 练习三

四　阅读《狐狸一家》判断对错

　　1. 春天，狐狸奶奶生了五只小狐狸。　　　　___对___错

　　2. 小狐狸长大了，学会自己找吃的。　　　　___对___错

　　3. 小狐狸老是跟着爸爸和妈妈。　　　　　　___对___错

五　口头回答

　　狐狸爸爸为什么把肉分成五块，埋在五个地方？想留给自己和狐狸妈妈吃，还是……

六　画窗户

　　下面有九种不同的中国窗户样式，你喜欢哪一种？请画出来。

第十二课 冬天的风

练习一　　练习二　　**练习三**

一　缩写课文《冬天的风》（不少于五句）

_____

_____

_____

_____

_____

二　写一写

使用比喻、拟人的写法描述事物

提示：冬天的风像个调皮的男孩儿，爱开玩笑。

冬天的风像个神奇的琴师，为小鸟们拉琴。

冬天的风像个故事大王，每天讲故事。

_____

_____

_____

第十二课 冬天的风

练习一　练习二　**练习三**

三　写一写（不少于两句）

春天的风像什么？冬天的雪像什么？

_____

_____

_____

_____

第十四课 要下雨了

★ 练习一　　☆ 练习二　　☆ 练习三

一　写生词

闷					
喊					
低					
阵					
采	花				
燕	子				

潮	湿				
池	子				
透	气				
搬	家				
雷	声				

二　组词

采_____　　燕_____　　闷_____　　空_____

潮_____　　低_____　　池_____　　搬_____

透_____　　群_____　　阵_____　　雷_____

三　造句

一边……一边……

_____

四　读两遍课文

第十四课 要下雨了

练习一　　★练习二　　练习三

一　组新字

门+心→☐　　雨+田→☐

二　给带点的字加拼音

空气＿＿＿＿　　有空＿＿＿＿

着急＿＿＿＿　　哭着＿＿＿＿

扇子＿＿＿＿　　扇一扇＿＿＿＿

三　选字填空

1. ＿＿＿只小兔子越长越胖。（这　着）

2. 弟弟哭＿＿＿说："小火车坏了。"（这　着）

3. ＿＿＿本书是我的。（这　着）

4. 老师拿＿＿＿作业本，走了过来。（这　着）

四　写出反义词

天—☐　　黑—☐　　湿—☐

左—☐　　低—☐　　快—☐

第十四课 要下雨了 — 练习二

五 写出下列字的拼音，再圈出每组字中相同的部分

也_____　　　　车_____　　　　采_____

池_____　　　　阵_____　　　　彩_____

六 根据课文判断对错

1. 小白兔到山上去种花。　　　　　　　　　　___对___错

2. 下雨前水里很闷，小鱼游到水面透气。　　___对___错

3. 要下雨了，蚂蚁正忙着往低处搬家呢。　　___对___错

4. 蚂蚁搬家，燕子低飞，要下雨了。　　　　___对___错

七 选字填空

1. 小白兔到山上去采花。觉得天气很_____。　（问　闷）

2. 小兔问燕子，为什么飞得这么_____？　　　（低　底）

3. 蚂蚁说："我们正往高处_____家呢。"　　　（船　搬）

4. 小白兔一边跑，一边_____："妈妈！"　　　（喊　成）

5. 一_____雷声，哗，哗，哗，下大雨了。　　（阵　车）

第十四课 要下雨了

练习一　练习二　**练习三**

一　选字填空

> 闪　闻　闷　门　间　问

"一"进门，把门_____。　　　"日"进门，看时_____。

"人"进门，电光_____。　　　"口"进门，_____题多。

"耳"进门，听新_____。　　　"心"进门，_____得慌。

二　读《种金子》选择填空

1. 国王听说金子可以种，眼睛都_____。

   （黄了　红了　蓝了　绿了）

2. 阿凡提把国王的一大箱金子_____。

   （藏起来了　分给了穷人）

3. 阿凡提_____告诉国王，天不下雨，金子都干死了。

   （笑着　喊着　哭着）

4. 阿凡提比国王_____。

   （笨　聪明）

第十六课 蚕姑娘

★ 练习一   ☆ 练习二   ☆ 练习三

一 写生词

蚕					
脱					
瘦					
旧					
蛾					
试	一	试			

姑	娘				
桑	叶				
每	天				
吐	出				
茧	子				
有	趣				

二 找出词语，用不同的颜色笔给词语涂色

姑	桑	叶	瘦	茧
蛾	旧	吐	子	衣
子	衣	姑	脱	旧
桑	服	娘	衣	服
瘦	吐	出	服	娘

三 写出反义词

新 — ☐   胖 — ☐

穿 — ☐   吃 — ☐

第十六课 蚕姑娘

练习一　　**练习二**　　练习三

一　根据课文判断对错

1. 春天，蚕卵里出来了蚕姑娘，又黑又小。　　___对___错

2. 又黄又瘦的蚕姑娘睡了，不吃也不动。　　___对___错

3. 蚕姑娘睡了，脱下旧衣裳，换上新衣裳。　　___对___错

4. 睡了四次的蚕姑娘，爬到蚕山上，吐出白丝。　　___对___错

5. 茧子开了口，变成蛾姑娘。　　___对___错

二　造句

又……又……_____

三　量词填空

| 张　棵　片　幅　把　朵 |

一 □ 花　　一 □ 树　　一 □ 白云

一 □ 床　　一 □ 草　　一 □ 树林

一 □ 桌子　一 □ 画　　一 □ 扇子

四　读两遍课文

第十六课 蚕姑娘

练习一　练习二　★ 练习三

一　组新字

　　口+土 → ☐　　　虫+我 → ☐

　　我+鸟 → ☐　　　天+虫 → ☐

二　用图和箭头画出蚕的生长过程：

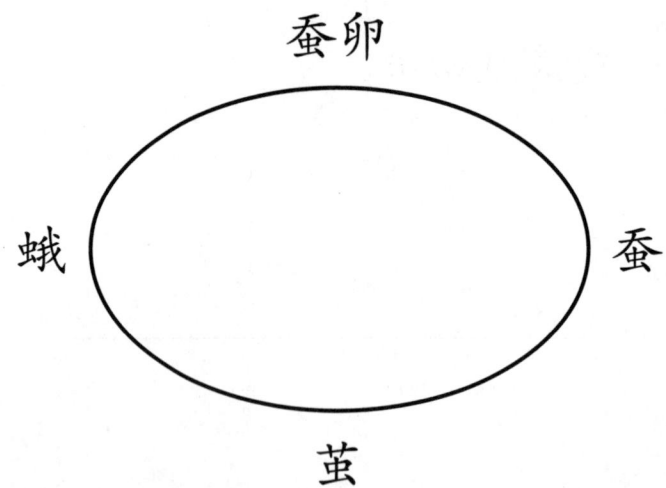

三　选词回答

　　1. 蚕吃什么树的叶子？_____　（桑树　桃树）

　　2. 蚕睡觉时吃东西吗？_____　（吃　不吃）

　　3. 蚕一生换几次衣裳？_____　（四次　六次）

　　4. 蚕吐出白丝结成什么？_____　（果子　茧子）

　　5. 蚕茧开口后出来了什么？_____　（蛾　蝴蝶）

第十六课 蚕姑娘

练习一　练习二　★ 练习三

四　读《嫘祖》回答问题

1. 一天，嫘祖在桑树上发现了什么？

   _____

2. 嫘祖在树下喝水，什么东西落到她的碗里？

   _____

3. 嫘祖拉茧子上的长丝，拉了多久？

   _____

五　如有条件，可以和家人一起养蚕

1. 观察蚕的生活全过程；

2. 可以用文字、图画、照片记录；

3. 提出问题；

4. 写一篇养蚕记录，留作纪念。

六　"趣"字由几个部分组成？写出来

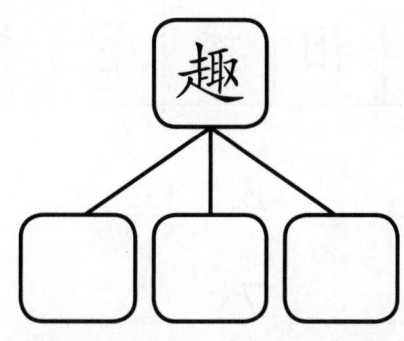

第十八课 罐头盒

练习一 练习二 练习三

一 写生词

扔					
砸					
乱					
厚					
坑					
埋					

罐	头				
森	林				
狠	狠				
不	管				
捡	起	来			
垃	圾	箱			

二 圈出词语，并写下来

垃	拉	相	林	森
森	圾	狠	不	林
挖	狠	箱	罐	头
坑	管	不	捡	起
拉	相	挖	管	扔

1._____ 2._____ 3._____ 4._____

5._____ 6._____ 7._____

第十八课
罐头盒

练习一 练习二 练习三

三 大声读下列字，再组词

      扔—奶   拉—垃   箱—相

乱（扔　奶）　（垃　拉）手　（相　箱）信

奶（扔　奶）　（垃　拉）圾　（相　箱）子

      捡—脸   理—埋

（捡　脸）起来　　道（理　埋）

洗（捡　脸）　　　（理　埋）东西

*怎么记住上面的字？请帮忙想个好主意，并把你的好主意讲给大家听

四 读两遍课文

第十八课 罐头盒

练习一　　★练习二　　练习三

一 根据课文选择下面的话是谁说的

> 兔子　猴子　野猪　田鼠

1. "这么好的一片草地，扔了个罐头盒，多不好看哪！" _____ 说。

2. "怎么能乱扔东西？还好我的皮厚。" _____ 说。

3. "怎么能把自己不喜欢的东西往土里埋，也不管人家喜欢不喜欢！" _____ 说。

4. "去你的！" _____ 说。

二 写一写

猴子、野猪、田鼠、兔子、鸟爸爸、小朋友都做了什么？

提示：猴子捡起罐头盒狠狠地扔了出去。

猴子_____

野猪_____

田鼠_____

兔子_____

第十八课 罐头盒

练习一　**练习二**　练习三

鸟爸爸＿＿＿＿＿＿＿＿＿＿＿＿＿＿＿＿＿＿＿＿＿＿＿＿＿＿＿

小朋友＿＿＿＿＿＿＿＿＿＿＿＿＿＿＿＿＿＿＿＿＿＿＿＿＿＿＿

三　如果你看到猴子扔罐头盒、野猪埋罐头盒……你想对它们说什么？请写下来

＿＿＿＿＿＿＿＿＿＿＿＿＿＿＿＿＿＿＿＿＿＿＿＿＿＿＿＿＿＿

＿＿＿＿＿＿＿＿＿＿＿＿＿＿＿＿＿＿＿＿＿＿＿＿＿＿＿＿＿＿

＿＿＿＿＿＿＿＿＿＿＿＿＿＿＿＿＿＿＿＿＿＿＿＿＿＿＿＿＿＿

＿＿＿＿＿＿＿＿＿＿＿＿＿＿＿＿＿＿＿＿＿＿＿＿＿＿＿＿＿＿

第十八课 罐头盒

练习一　练习二　**练习三**

一　选择填空

　　1. 空罐头盒应该扔在哪里？＿＿＿＿＿＿

　　　　A. 草地上　　B. 小河里　　C. 垃圾箱里　　D. 埋在地里

　　2. 谁把罐头盒扔进垃圾箱了？＿＿＿＿＿＿

　　　　A. 小猴　　B. 野猪　　C. 小鸟　　D. 小朋友

二　量词填空

　　　　　架　朵　道　间　辆　打

一　□　花　　　　一　□　飞机　　　　一　□　汽车

一　□　菜　　　　一　□　房子　　　　一　□　鸡蛋

三　造句

　　不管＿＿＿＿＿＿＿＿＿＿＿＿＿＿＿＿＿＿＿＿＿＿＿＿＿

四　说一说你是怎样爱护环境的

第二十课 等我也长了胡子

练习一　　练习二　　练习三

一　写生词

骗					
胡	子				
探	险				

屁	股				
瞪	眼				
敬	礼				

二　组词

胡_____　　探_____　　敬_____　　瞪_____

屁_____　　园_____　　骗_____

三　写出下列字的拼音，并圈出每组字相同的部分

脸_____　　骗_____　　探_____

险_____　　遍_____　　深_____

四　熟读两遍课文

第二十课 等我也长了胡子

练习一　★练习二　练习三

一　选词填空

> 瞪眼　有趣　敬礼　探险　屁股

1. 我要跟他一起_____。

2. 我一定不打他的_____。

3. 我要给他讲最_____的故事。

4. 我一定不对他吹胡子_____。

5. 教大狗熊_____。

二　选字填空

1. "吹胡子瞪眼"意思是_____的样子。（生气　伤心）

2. 青海湖的水很_____。（深　探）

3. 哥哥胆子大，喜欢_____险。（深　探）

4. 老师让我把每个生字写三_____。（遍　骗）

5. 弟弟非常诚实，从来不_____人。（遍　骗）

6. 下雪天开车很危_____。（险　脸）

7. 妹妹的小_____红红的，可好看了。（险　脸）

第二十课 等我也长了胡子

练习一　　练习二　　**练习三**

一 写一写（试着写几句诗，你的第一首中文诗）

提示：你长大了想做什么样的爸爸/妈妈？

_____

_____

_____

_____

_____

_____

二 根据《爸爸生气的五个原因》回答问题

1. 爸爸生气的第一个原因是_____

2. 爸爸生气的第二个原因是_____

3. 爸爸生气的第三个原因是_____

4. 爸爸生气的第四个原因是_____

5. 爸爸生气的第五个原因是_____

第二课　听写

1.	2.	3.	4.
5.	6.	7.	8.
9.	10.	11.	12.

第四课　听写

1.	2.	3.	4.
5.	6.	7.	8.
9.	10.	11.	12.

第六课　听写

1.	2.	3.	4.
5.	6.	7.	8.
9.	10.	11.	12.

第八课　听写

1.	2.	3.	4.
5.	6.	7.	8.
9.	10.	11.	12.

第十课　听写

1.	2.	3.	4.
5.	6.	7.	8.
9.	10.	11.	12.

第十二课　听写

1.	2.	3.	4.
5.	6.	7.	8.
9.	10.	11.	12.

第十四课　听写

1.	2.	3.	4.
5.	6.	7.	8.
9.	10.	11.	12.

第十六课　听写

1.	2.	3.	4.
5.	6.	7.	8.
9.	10.	11.	12.

第十八课　听写

1.	2.	3.	4.
5.	6.	7.	8.
9.	10.	11.	12.

第二十课　听写

1.	2.	3.	4.
5.	6.	7.	8.
9.	10.	11.	12.

1.	2.	3.	4.
5.	6.	7.	8.
9.	10.	11.	12.

1.	2.	3.	4.
5.	6.	7.	8.
9.	10.	11.	12.

1.	2.	3.	4.
5.	6.	7.	8.
9.	10.	11.	12.

1.	2.	3.	4.
5.	6.	7.	8.
9.	10.	11.	12.

1.	2.	3.	4.
5.	6.	7.	8.
9.	10.	11.	12.

1.	2.	3.	4.
5.	6.	7.	8.
9.	10.	11.	12.

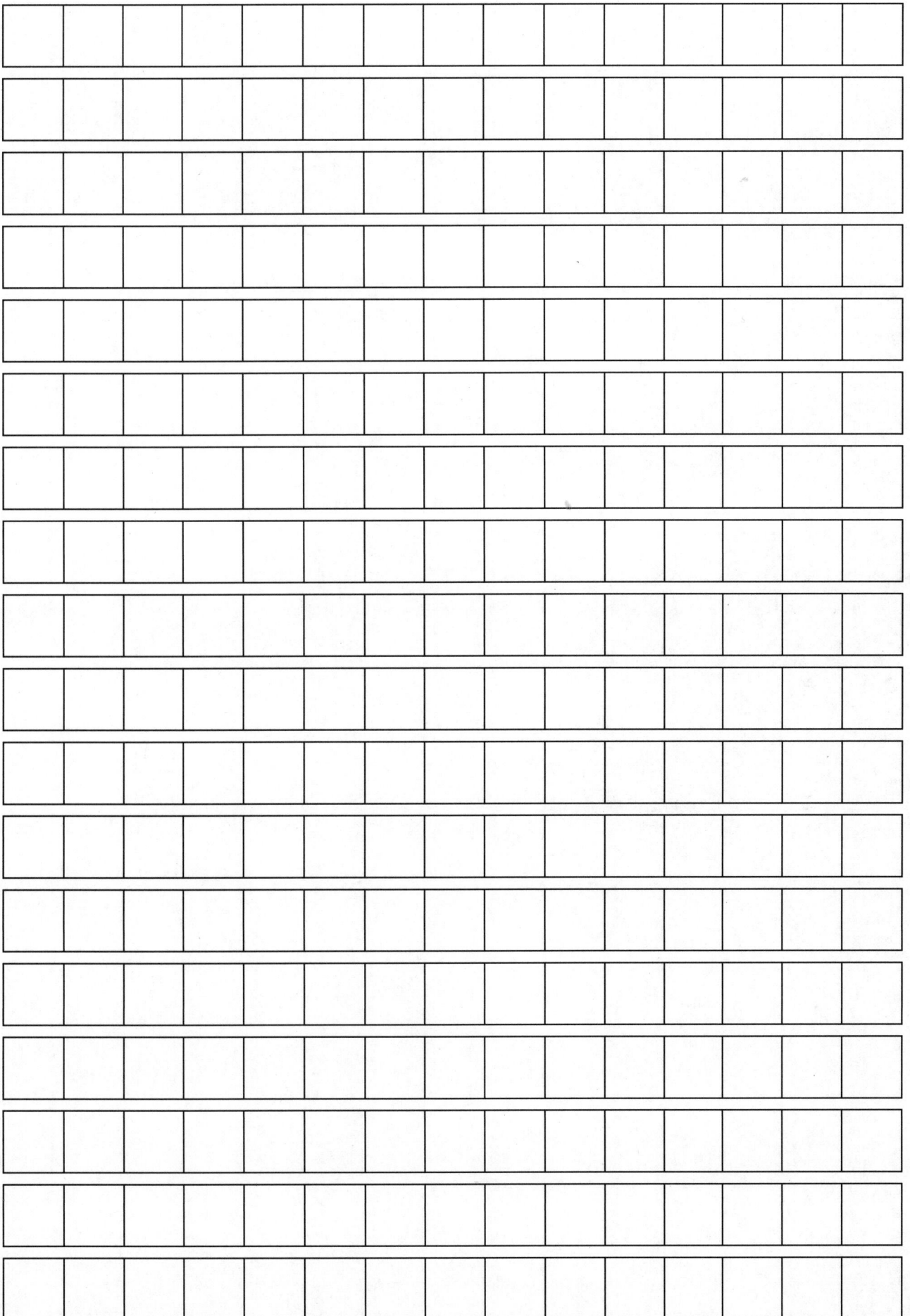

新双双中文教材
New Chinese Language and Culture Course

中文课本 Chinese Textbook
第四册　Volume IV

王双双 编著

新双双中文教材

北京大学出版社　　NanHai BRIDGING EAST & WEST

图书在版编目（CIP）数据

中文课本. 第4册 / 王双双编著. —2版. —北京：北京大学出版社，2015.8
（新双双中文教材）
ISBN 978-7-301-26178-1

Ⅰ. ①中⋯　Ⅱ. ①王⋯　Ⅲ. ①汉语 – 对外汉语教学 – 教材　Ⅳ. ①H195.4

中国版本图书馆CIP数据核字（2015）第185150号

书　名	中文课本（第四册）（第二版）
著作责任者	王双双　编著
责任编辑	邓晓霞
标准书号	ISBN 978-7-301-26178-1
出版发行	北京大学出版社
地　址	北京市海淀区成府路205号　100871
网　址	http://www.pup.cn　新浪官方微博：@北京大学出版社
电子信箱	zpup@pup.cn
电　话	邮购部 62752015　发行部 62750672　编辑部 62767349
印刷者	北京大学印刷厂
经销者	新华书店
	889毫米×1194毫米　16开本　18.75印张　165千字
	2006年2月第1版
	2015年8月第2版　2019年5月第4次印刷
定　价	96.00元（含课本、练习本、识字卡）

未经许可，不得以任何方式复制或抄袭本书之部分或全部内容。
版权所有，侵权必究
举报电话：010-62752024　电子信箱：fd@pup.pku.edu.cn
图书如有印装质量问题，请与出版部联系，电话：010-62756370

第二版序

能够与北京大学出版社合作出版"双双中文教材"的第二版，让这套优秀的对外汉语教材泽被更多的学生，加州中文教学研究中心备感荣幸。

这是一套洋溢着浓浓爱意的教材。作者的女儿在美国出生，到了识字年龄，作者教她学习过市面上流行的多套中文教材，但都强烈地感觉到这些教材"水土不服"。一解女儿学习中文的燃眉之急，是作者编写这套教材的初衷和原动力。为了让没有中文环境的孩子能够喜欢学习中文，作者字斟句酌地编写课文；为了赋予孩子审美享受、引起他们的共鸣，作者特邀善画儿童创作了一幅幅稚气可爱的插图；为了加深孩子们对内容的理解，激发孩子们的学习热情，作者精心设计了充满创造性的互动活动。

这是一套承载着文化传承使命感的教材。语言不仅仅是文化的载体，更是文化重要的有机组成部分。学习一门外语的深层障碍往往根植于目标语言与母语间的文化差异。这种差异对于学习中文的西方学生尤为突出。这套教材的使用对象正处在好奇心和好胜心最强的年龄阶段，作者抓住了这一特点，变阻力为动力，一改过去削学生认知能力和智力水平之"足"以适词汇和语言知识之"履"的通病。教材在高年级部分，一个学期一个文化主题，以对博大精深的中国文化的探索激发学生的学习兴趣，使学生在学习语言的同时了解璀璨的中国文化。

"双双中文教材"自2005年面世以来，受到了老师、学生和家长的广泛欢迎。很多觉得中文学习枯燥无味而放弃的学生，因这套教材发现了学习中文的乐趣，又重新回到了中文课堂。本次修订，作者不仅吸纳了老师们对于初版的反馈意见和自己实际使用过程中的心得，还参考了近年对外汉语教学理论及实践方面的成果。语言学习部分由原来的九册改为五册，一学年学习一册，文化学习部分保持一个专题一册。相信修订后的"新双双中文教材"会更方便、实用，让更多学生受益。

张晓江

美国加州中文教学研究中心秘书长

第一版前言

"双双中文教材"是一套专门为海外青少年编写的中文课本，是我在美国八年的中文教学实践基础上编写成的。在介绍这套教材之前，请读一首小诗：

> 一双神奇的手，
> 推开一扇窗。
> 一条神奇的路，
> 通向灿烂的中华文化。

鲍凯文　鲍维江

鲍维江和鲍凯文姐弟俩是美国生美国长的孩子，也是我的学生。1998年冬，他们送给我的新年贺卡上的小诗，深深地打动了我的心。我把这首诗看成我文化教学的"回声"。我要传达给海外每位中文老师：我教给他们（学生）中国文化，他们思考了、接受了、回应了。这条路走通了！

语言是一种交流的工具，更是一种文化和一种生活方式，所以学习中文也就离不开中华文化的学习。汉字是一种古老的象形文字，她从远古走来，带有大量的文化信息，但学起来并不容易。使学生增强兴趣、减小难度，走出苦学汉字的怪圈，走进领悟中华文化的花园，是我编写这套教材的初衷。

学生不论大小，天生都有求知的欲望，都有欣赏文化美的追求。中华文化本身是魅力十足的。把这宏大而玄妙的文化，深入浅出地，有声有色地介绍出来，让这迷人的文化如涓涓细流，一点一滴地渗入学生们的心田，使学生们逐步体味中国文化，是我编写这套教材的目的。

为此我将汉字的学习放入文化介绍的流程之中同步进行，让同学们在学中国地理的同时，学习汉字；在学中国历史的同时，学习汉字；在学中国哲学的同时，学习汉字；在学中国科普文选的同时，学习汉字……

这样的一种中文学习，知识性强，趣味性强；老师易教，学生易学。当学生们合上书本时，他们的眼前是中国的大好河山，是中国五千年的历史和妙不可言的哲学思维，是奔腾的现代中国……

总之，他们了解了中华文化，就会探索这片土地，热爱这片土地，就会与中国结下情缘。

最后我要衷心地感谢所有热情支持和帮助我编写教材的老师、家长、学生、朋友和家人。特别是老同学唐玲教授、何茜老师和我女儿Uta Guo年复一年的鼎力相助。可以说这套教材是大家努力的结果。

王双双

课程设置

序号	书名	适用年级
1	中文课本　第一册	幼儿园/一年级
2	中文课本　第二册	二年级
3	中文课本　第三册	三年级
4	中文课本　第四册	四年级
5	中文课本　第五册	五年级
6	中国成语故事	六年级
7	中国地理常识	六年级
8	中国古代故事	七年级
9	中国神话传说	七年级
10	中国古代科学技术	八年级
11	中国文学欣赏	八年级
12	中国诗歌欣赏	九年级
13	中国古代哲学	九年级
14	中国民俗与民间艺术	十年级
15	中国历史	十年级

目 录

第一课	猴子捞月亮	1
第二课	打电话	7
第三课	三支神箭	12
第四课	"马虎"的故事	17
第五课	老虎拔牙	22
第六课	上学	27
第七课	妈妈和我	32
第八课	动物服装店	36
第九课	买薯条	41
第十课	神笔马良	46
第十一课	宝缸	51
第十二课	冬天的风	54
第十三课	大鸡蛋,小鸡蛋	61

第十四课	要下雨了	…………………	68
第十五课	买梦	…………………………	74
第十六课	蚕姑娘	………………………	80
第十七课	骂鸭	…………………………	86
第十八课	罐头盒	………………………	91
第十九课	生肖的传说	…………………	96
第二十课	等我也长了胡子	……………	102
第二十一课	三个和尚	…………………	109

生字表（简） ……………………………… 116

生字表（繁） ……………………………… 118

生词表（简） ……………………………… 120

生词表（繁） ……………………………… 123

偏旁部首表 ………………………………… 126

第一课

猴子捞月亮

天已经很黑了,一只小猴子还在井边玩儿。他往井里一看,里面有个月亮。小猴子大叫起来:"不好啦,月亮掉到井里啦!"

大猴子听见了,跑过来一看,跟着叫起来:"不好啦,月亮掉到井里啦!"

老猴子听见了,跑过来一看,也跟着叫起来:"不好啦,月亮掉到井里啦!快把它捞上来!"

猴子们爬上了井边的一棵大树。老猴子倒挂在树上,拉住大猴子的脚。大猴子拉住另一只猴子的脚。猴子们就这样一直挂到井里头,小猴子挂在最下边。小

张皓恬 画

猴子伸手去捞月亮。手刚碰到水，月亮就不见了。

老猴子一抬头，看见月亮还在天上。他叹了口气说："不用捞了，月亮好好儿地挂在天上呢！"

生词

lāo 捞	scoop up from the water		lìng 另	another
yǐ jīng 已经	already		pèng 碰	touch
wǎng 往	towards		kàn jiàn 看见	see
la 啦	*auxiliary word*		tàn qì 叹气	sigh
dào 倒	upside-down; pour		ne 呢	*auxiliary word*
guà 挂	hang			

听写

捞　已经　往　倒　挂　另一个　叹气　*碰到

学说话

不好啦，要迟到了！

不好啦，我的书包丢了！

比一比

到 { 到了 / 迟到

倒 { 倒挂 / 倒水

另 { 另一个 / 另外

别 { 别人 / 别说话

住 { 拉住 / 捉住

往 { 往前 / 往后

词语运用

往——表示朝哪个方向：往上、往下、往左、往右

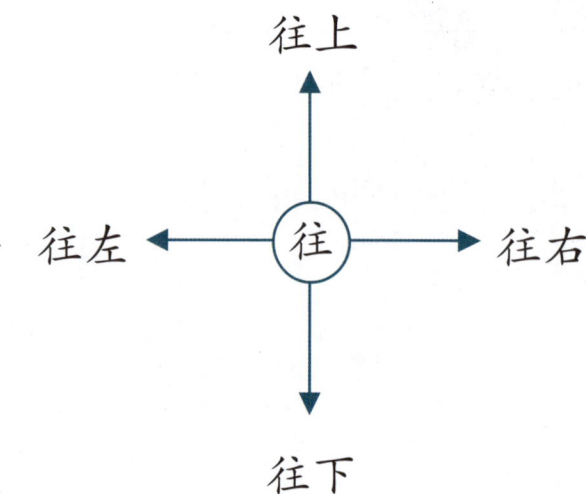

汽车往左开。　　　汽车往山上开。

汽车往右开。　　　汽车往山下开。

偏旁部首

彳 —— 双人旁　很　得　往

纟 —— 绞丝旁　红　绿

绞丝旁演变

按偏旁部首分类

捞　往　脚　挂　腿　很

扌　提手旁 ＿＿＿＿＿　＿＿＿＿＿

月　月字旁 ＿＿＿＿＿　＿＿＿＿＿

彳　双立人 ＿＿＿＿＿　＿＿＿＿＿

课文缩写

怎样缩写课文？按课文顺序，一段一段缩写。

1. 把一段课文中最重要的话找出来。

   例 课文第一段：小猴子看见井里有个月亮，就大叫："月亮掉到井里了！"

2. 两段意思相同的，可以合成一段缩写。

   例 课文第二段、三段意思相同：大猴子、老猴子也跟着叫起来。

3. 故事长的段落，写出主要情节。

   例 课文第四段：猴子们倒挂在树上，一个拉一个去捞月亮。小猴子的手碰到水，月亮没有了。

把以上句子连起来，课文缩写完成。

　　小猴子看见井里有个月亮，就大叫："月亮掉到井里了！"大猴子、老猴子也跟着叫起来。猴子们倒挂在树上，一个拉一个捞月亮。小猴子的手碰到水，月亮没有了。

儿歌

小猴和月亮

小小水盆院中放，

盆里一个圆月亮。

小猴子，爱月亮，

想把月亮端(duān)进房。

进了房，没月亮，

出了房，有月亮。

进门没，出门有，

小猴忙(máng)了一晚上。

（根据王秀清儿歌《端月亮》改编）

第二课

打电话

文文是我的同学，又是我的好朋友。

文文和我一样高，可是，她留着长长的头发，我留着短短的头发。文文和我一样喜欢打网球，不过，她左手拿拍子，我右手拿拍子。文文和我一样喜欢看书，喜欢说话。我们常常一起看书，一起说话，我们有说不完的话。

一天，文文说她要和家里人一起回中国了。她给我一本书做礼物。我很伤心。我们一个在美国，一个在中国，不能一起打网球，不能一起看书、一起说话了。文文说：

庆玮婕　画

"我们还可以上网，面对面地说话。"

文文走了。一个星期六的晚上，我上网给北京的文文打电话。在网上我又看到了文文，文文也看到我了。"喂，文文，晚上好！"我说。文文大笑起来，说："喂，玛丽，早上好！"哈哈，原来美国的晚上是中国的早上。我们又面对面地说话了！不过，一个在早上，一个在晚上。

生 词

liú 留	leave	shāng xīn 伤心	sad
dǎ wǎng qiú 打网球	play tennis	shàng wǎng 上网	surf the internet
bú guò 不过	however	miàn duì miàn 面对面	face to face
ná 拿	hold, take	wǎn shang 晚上	evening
pāi zi 拍子	racket	dǎ diàn huà 打电话	make a phone call
wán 完	finish, complete	běi jīng 北京	Beijing
lǐ wù 礼物	gift	wèi 喂	hello

听 写

留　拿　拍子　完　伤心　礼物　打电话

北京　*喂

学说话

打电话

喂，您好！请找文文。

喂，我是文文。玛丽，你好！

比一比

桌 { 同桌 / 桌子　　拍 { 拍子 / 拍手　　电 { 电灯 / 电话

喂 { 喂！ / 喂猫　　京 { 北京 / 东京　　留 { 留长发 / 留下来

> 词语运用

不过

① 妹妹喜欢唱歌，不过唱得不太好。

② 文文也爱打网球，不过她左手拿拍子。

③ 我们上网说话，不过一个在早上，一个在晚上。

礼物

① 母亲节我给妈妈的礼物是一张画。

② 春节爷爷奶奶给我的礼物是一个大红包。

> 偏旁部首

牛 —— 牛字旁 物 特

攵 —— 反文旁 教 做 收

汉字	牛字旁
牛	牛

汉字	反文旁
文	攵

按偏旁部首分类

| 样 | 喂 | 教 | 做 | 哈 | 树 |

木 木字旁 _____ _____

夂 反文旁 _____ _____

口 口字旁 _____ _____

儿歌

打电话

两个小娃娃呀，

正在打电话呀，

——喂，喂，喂，你在哪里呀？

——喂，喂，喂，我在幼(yòu)儿园。

第三课

三支神箭

从前,有一个贪心的人。一天,他见到一个神仙,神仙给了他三支神箭,对他说:"射一支箭,你想要什么,就有什么。"

Floria（郝梦友） 画

这个人非常高兴,马上射出了一支神箭,大声叫着:"我什么都要!"一下子,金银珠宝飞来了,老虎、狮子也跑来了。这个人吓坏了,马上又射出一支神箭,大声叫着:"都给我滚!"一下子,金银珠宝不见了,老虎、狮子回去了,他自己也滚起来了。这个人着急了,马上射出第三

雷思达 画

支神箭，大声叫着："把我留下！把我留下！"

三支神箭都用完了，这个人什么也没得到。

生词

zhī 支	measure word	jīn yín zhū bǎo 金银珠宝	treasures
cóng qián 从前	once upon a time	lǎo hǔ 老虎	tiger
tān xīn 贪心	greedy	xià huài 吓坏	terrified
shén xiān 神仙	fairy	gǔn 滚	roll, get away
shè jiàn 射箭	shoot an arrow	zháo jí 着急	worry, in a hurry
yí xià zi 一下子	all of a sudden		

听写

一支　贪心　神仙　金银珠宝　吓坏　着急

*射箭

别着急！

别着急，妈妈来了。

比一比

下 { 下车 / 下课 / 下雨 }

贪 { 贪心 / 贪玩 / 贪吃 }

{ 身（身体） / 射（射箭） }

{ 只（一只鸟） / 支（一支笔） }

词语运用

身体　　射箭

① 早睡早起，身体好。

② 哥哥会射箭。

一下子

① 一下子，金银珠宝飞来了。

② 天气一下子热起来了。

回答问题

1. 这个贪心的人从神仙那里得到了什么?

2. 这个贪心的人每次都要了什么?

3. 这个贪心的人最后得到了什么?

偏旁部首

钅 —— 金字旁　钱　银

礻 —— 示字旁　神　礼

金字旁演变

金　金　钅

中文课本 第四册

> 按偏旁部首分类

| 银 | 珠 | 宝 | 钱 | 完 | 球 |

宀　宝盖头 _____　_____

𤣩　王字旁 _____　_____

钅　金字旁 _____　_____

儿歌

小鱼玩儿水

小鱼玩儿了一天水，

水草边上睡。

天上星星落下来，

gài　　bèi
盖上花被被。

风儿唱着好听的歌，

qīng　　tuī
水儿轻轻推。

小鱼做了个甜甜梦，

yáo　　zā
摇摇尾巴咂咂嘴。

16

第四课

"马虎"的故事

从前有一位画家。一天,他刚画了一个虎头,就有人来请他画马,他就在虎头下画了马的身子。请他画马的人问:"您画的是马还是虎呢?"他回答说:"马马虎虎。"画家觉得这幅画很好玩儿,就把它挂在墙上。大儿子来问画的是什么,他说是虎。二儿子来问画的是什么,他说是马。

一天,大儿子在路上看见一匹马,以为是老虎,就把马射死了。二儿子在山上看见一只老虎,以为是马,就要骑,叫老虎咬伤了。画家很伤心,烧了画,再也不马马虎虎了。

蒋皓凝 画

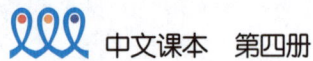 中文课本 第四册

从那以后，人们就用"马虎"来形容做事粗心，不认真的人。

生词

mǎ hu 马虎	careless		pǐ 匹	measure word
gù shi 故事	story		yǐ wéi 以为	think
huà jiā 画家	painter		yǎo 咬	bite
jué de 觉得	feel		shāo 烧	burn
fú 幅	measure word		xíng róng 形容	describe
hǎo wánr 好玩儿	fun		cū xīn 粗心	careless
qiáng 墙	wall		rèn zhēn 认真	serious

听写

故事　墙　一匹　咬　粗心　认真　觉得

以为　＊幅　烧

学说话

要认真，不要马虎！

多音字

jué　　　　　jiào
觉　　　　　觉

觉得　　　　睡觉

比一比

打 { 打猎 / 打球 }　　骑 { 骑马 / 骑车 }　　虎 { 老虎 / 马虎 }

词语运用

觉得

① 我觉得中文不好学。

② 妈妈觉得我太贪玩儿了。

以为

① 画家的儿子看见马，以为是老虎。

② 我以为今天要下雨，后来没下雨。

叫

① 家里的糖全叫弟弟吃了。

② 二儿子叫老虎咬伤了。

偏旁部首

冫 —— 两点水　净　凉

刂 —— 立刀旁　到　刷　刚

按偏旁部首分类

红　墙　烧　灯　坏　绿

土 提土旁 _____　　_____

火 火字旁 _____　　_____

纟 绞丝旁 _____　　_____

回答问题

1. 你做完作业，会不会再看一遍？

2. 你写作业是写得飞快，还是认真写好每个字？

3. 想一想，你做什么事情最认真？

 儿歌

小马虎

有个学生叫马小虎，

大家叫他"小马虎"。

老师让他写个"1"，

他把"1"字写成"7"。

又把"午"字写成"牛"，

"午饭""牛饭"吃哪个？

马小虎，马小虎，

真是一个"小马虎"！

Floria（郝梦友） 画

第五课

老虎拔牙

王宜珈 画

大老虎的牙尖尖的,小动物们都很害怕。只有狐狸说:"我不怕!"大家谁也不相信,都说狐狸说大话。

一天,狐狸带了一大包糖去见老虎:"大王,您好!我给您带来了礼物——糖。"糖是什么?老虎从来没吃过,他吃了一块。哈哈,真好吃!狐狸就常常送糖来。老虎吃了一块又一块,连睡觉的时候,嘴里都还在吃糖。

老虎的朋友狮子说:"糖吃多了,又不刷牙,牙会坏掉的。"可狐狸说:"刷了牙,嘴里就不甜了!"老虎听了狐狸的话,不刷牙了。

不久,老虎牙疼了,他去找马大夫拔牙。马大夫一听,吓得连门也不敢开。老虎又去找牛大夫,牛大夫说:

"我，我不拔你的牙……"老虎疼得哇哇叫，说："谁把我的牙拔掉，我就让他做大王！"这时，狐狸来了，说："我来拔吧，可是你的牙全坏了。"老虎说："只要牙不疼，就拔吧！"

狐狸一口气把老虎的牙全拔了。老虎不疼了，对狐狸谢了又谢说："还是狐狸好，送我糖吃，还帮我拔牙。"

（根据冰子著《没有牙齿的大老虎》改编）

生词

bá yá 拔牙	extract teeth	tián 甜	sweet
hài pà 害怕	scare	téng 疼	pain
táng 糖	candy	dài fu 大夫	doctor
cóng lái 从来	always	lián 连	even
sòng 送	give as a present	bù gǎn 不敢	dare not

听写

拔牙　害怕　糖　送　疼　大夫　连　甜　*不敢

词语运用

不敢

① 小老鼠听见猫叫，吓得不敢出来。

② 谁也不敢给老虎拔牙。

从来

① 小红上学从来不迟到。

② 哥哥从来不怕冷。

回答问题

1. 你早晚刷牙吗？

2. 你睡觉前吃糖吗？

3. 你的牙疼过吗？

偏旁部首

疒 —— 病字旁　病　疼

米 —— 米字旁　糖

饣 —— 食字旁　馋　饭

按偏旁部首分类

礼 饭 神 疼 馋 病

礻 示字旁 _____ _____

疒 病字旁 _____ _____

饣 食字旁 _____ _____

 儿歌

刷牙歌

小牙刷,小牙刷,

每天早晚用用它。

上边刷刷,下边刷,

左边刷刷,右边刷。

刷牙要刷三分钟(zhōng),

牙齿(chǐ)白白不生病。

> 快板表演

大老虎，牙尖尖

大老虎，牙尖尖，

小动物，跑远远。

狐狸狐狸说大话，

它能拔掉老虎牙！

狐狸送糖老虎吃，

又劝(quàn)老虎不刷牙。

老虎牙疼没办法(bàn fǎ)，

又请狐狸来拔牙。

狐狸拔光老虎牙，

小动物再也不怕它。

Robin 画

第六课

上学

小华去上学,路上看见小狐狸,就问:"小狐狸,你也去上学吗?"小狐狸拍拍书包说:"我在狐狸学校上学!"小华又问:"你在狐狸学校学什么呀?"小狐狸说:"学的东西可多呢,学抓兔子,抓小鸡……""什么?你们学抓小鸡!不好,不好!"小华说。

小狐狸一脸不高兴地问:"那你们学什么呢?"

"我们学语文、数学、英文、音乐、体育……"小华说。

"我能去看看吗?"小狐狸问。

小华带小狐狸到了学校。这是一堂数学课,老师正在问1加1等于几。大家都知道等于2,只有小狐狸不

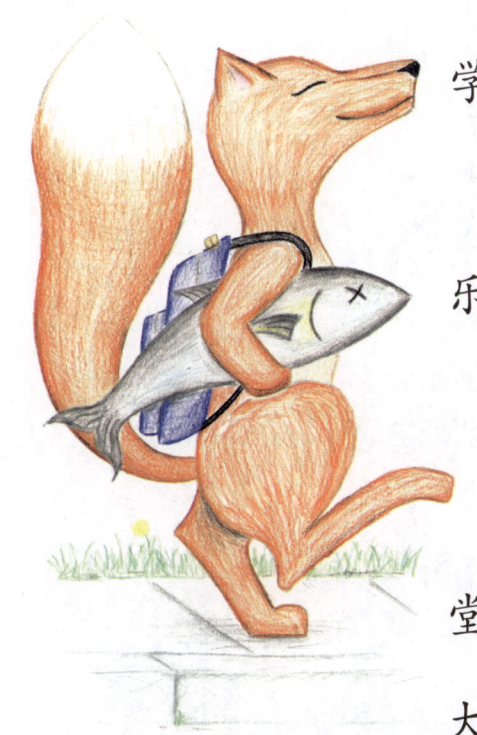

钱丰梅　画

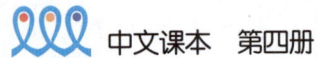

会。老师告诉小狐狸1加1等于2。小狐狸点点头说："知道了。"老师问小狐狸："来了一只兔子，又来了一只兔子，一共是几只兔子？"小狐狸一听，眼睛一亮，流着口水说："太好了！来一只兔子，我就抓住它。再来一只兔子，我再抓住它！"

生 词

ma 吗	auxiliary word	děng yú 等于	be equal to
pāi 拍	pat	zhǐ yǒu 只有	only
ya 呀	auxiliary word	zhī dào 知道	know
yǔ wén 语文	language arts	gào su 告诉	tell
shù xué 数学	mathematics	yí gòng 一共	together
tǐ yù 体育	sports	zhuā zhù 抓住	catch hold of
jiā 加	add		

听写

拍　语文　体育　加　知道　告诉　一共　抓住

*等于　吗　呀

你学什么课？

我学数学和英文。

比一比

狐（狐狸）　　抓（抓住）　　休（休息）
瓜（西瓜）　　爬（爬山）　　体（身体）

有趣的汉字

词语运用

告诉

① 小弟弟告诉我,他的小猫不见了。

② 妹妹告诉我,她的大白兔生小兔子了!

回答问题

1. 你在学校里都学哪些课?

2. 数学老师教会小狐狸了吗?

偏旁部首

石 —— 石字旁　碰　破

车 —— 车字旁　辆

汉字	石字旁
石	石

汉字	车字旁
车	车

按偏旁部首分类

| 狐 | 狸 | 碰 | 这 | 连 | 破 |

石 石字旁 _____ _____

犭 反犬旁 _____ _____

辶 走之旁 _____ _____

 儿歌

上课歌

数学课，1，2，3；

英文课，A，B，C；

中文课，大，中，小；

画画课，红，蓝，绿；

音乐课，哆(duō)，来，咪(mī)；

体育课，练(liàn)身体！

朱梓城　画

第七课

妈妈和我

贺立秀（八岁半）

妈妈和我是好朋友，妈妈做什么，我就做什么。妈妈买一件花衣服，也给我买一件小花衣服。妈妈去做指甲，我也做指甲。

一天，妈妈去医院生娃娃，抱回一个弟弟。妈妈给我讲故事时，弟弟大声哭，妈妈去抱弟弟。我不喜欢弟弟，问妈妈："可不可以把弟弟送回医院？"妈妈说："不可以。"

弟弟慢慢长大了，我开始爱他了。我做什么他就做什么。我跳，他也跳；我读书，他也读书，可是书拿反了。

一天，妈妈对我和弟弟说："你们要有一个小妹妹了。"我告诉自己要帮弟弟爱妹妹。

妹妹来了，妈妈抱弟弟时，妹妹哭了，妈妈放下弟弟去抱妹妹。弟弟的脸气红了，说："我要妈妈。"我拉着弟弟的手,讲故事给他听。妹妹慢慢长大了,弟弟开始爱她了。

现在,妈妈做什么,我就做什么;我做什么,弟弟就做什么;弟弟做什么,妹妹就做什么!

如果再有一个娃娃……

生 词

zhǐ jia		kě yǐ	
指甲	nails	可以	can, may
yī yuàn		zhǎng dà	
医院	hospital	长大	grow up
bào		kāi shǐ	
抱	hug	开始	start
jiǎng		fǎn	
讲	speak	反	opposite
kū			
哭	cry		

听写

医院　抱　讲　哭　开始　反　＊指甲

比一比

院 { 医院 / 院子 }　　讲 { 讲故事 / 讲话 }　　店 { 商店 / 书店 }

回答问题

1. 你有哥哥姐姐、弟弟妹妹吗？

2. 如果弟弟妹妹吵架(chǎo jià)了，你怎么办？

3. 你会带弟弟妹妹一起玩儿吗？

按偏旁部首分类

| 快 | 讲 | 妹 | 始 | 诉 | 慢 |

女　女字旁 _____　_____

讠　言字旁 _____　_____

忄　竖心旁 _____　_____

儿歌

家庭成员歌

爸爸的爸爸是爷爷，爸爸的妈妈是奶奶。

爸爸的哥哥是伯伯(bó)，爸爸的弟弟是叔叔(shū)。

爸爸的姐妹是姑姑。

妈妈的爸爸是外公，妈妈的妈妈是外婆。

妈妈的兄弟是舅舅(jiù)，妈妈的姐妹是阿姨(ā yí)。

家庭图表

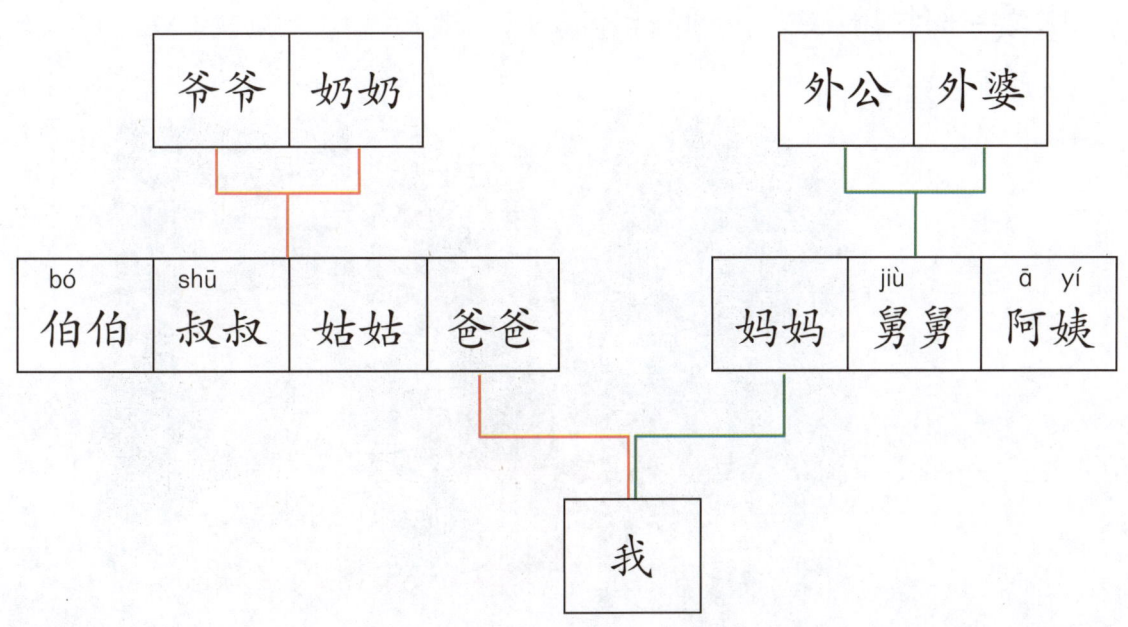

第八课

动物服装店

树林里要开舞会,毛毛虫、袋鼠、山羊、小青蛇都去服装店买衣服。

毛毛虫说:"猴子老板,我想买红色高跟鞋,不过……""我知道,您有十只脚!"猴子说。

袋鼠说:"老板,我想买上衣,不过……""我知道,您的上衣不要口袋。"猴子说。

山羊说:"老板,我不能穿毛衣,太热了!""我知道,您要一件背心。"猴子说。

张友晴　画

小青蛇说："我没有腿，不能穿裤子，我只要一条裙子。"猴子说："我这里有漂亮的裙子。"

不一会儿，猴子拿出五双红高跟鞋、一件没口袋的上衣、一件黑背心和一条花裙子。大家高兴地穿着新衣服走了。

月光下，草地上，响起了音乐，多么美好的夜晚！动物们高兴地跳起舞来了。

生 词

fú zhuāng diàn 服装店	clothing store	kǒu dài 口袋	pocket
wǔ huì 舞会	dancing party	máo yī 毛衣	sweater
shé 蛇	snake	rè 热	hot
lǎo bǎn 老板	boss	bèi xīn 背心	vest
gāo gēn xié 高跟鞋	high heels	qún zi 裙子	skirt
shàng yī 上衣	jacket	yí huìr 一会儿	for a while

shuāng 双	measure word	xiǎng 响	ring
yuèguāng 月光	moonlight	yè wǎn 夜晚	night

听写

蛇　服装店　老板　热　双　月光　夜晚

*舞会　响

学说话

我想买一双鞋。

我想买一本书。

比一比

背 { 背后 / 背心 }　　店 { 服装店 / 书店 }　　舞 { 舞会 / 跳舞 }

词语运用

不一会儿

① 不一会儿，猴子拿出五双高跟鞋。

② 不一会儿，华华就把衣服洗完了。

③ 不一会儿，明明就把作业做完了。

回答问题

1. 袋鼠的上衣为什么不要口袋？

2. 毛毛虫为什么要买五双鞋？

3. 山羊为什么不买毛衣？

4. 蛇为什么不买裤子？

儿歌

（一边拍手，一边唱）

衣服歌

小闹钟，叮当响，

小朋友，快起床。

衣服裤子自己穿，

照照镜子多漂亮。

短上衣，牛仔裤，

白袜子，运动鞋。

走在路上多精神，

跑跑跳跳去上学。

第九课

买薯条

胡斯年 （十一岁）

一天，在学校里吃饭时，我买了一盒薯条。我和朋友一边说话，一边走出食堂的大门。不小心，我的薯条从手中滑落，都掉在地上了。

"糟糕！你觉得卖饭的人会让我换一盒新的薯条吗？"我问朋友。

"你问问他们吧！"我的朋友说。

我回到了食堂，又排上了队。等排到我的时候，我问卖饭的人："我的薯条掉到地上了，可不可以换一盒新的？"他说："这不是我们的错。不过，还是给你一盒新

的吧。只有今天哟！"

我说了声"谢谢"，笑眯眯地拿着薯条走了。

这天，我学到了一个道理：如果你问一问，一点儿也不吃亏。

生词

shǔ tiáo 薯条	French fries	mài 卖	sell
chī fàn 吃饭	eat, have a meal	pái duì 排队	line up
hé 盒	measure word	xiào mī mī 笑眯眯	smilingly, joyfully
yì biān……yì biān…… 一边……一边……	while	dào lǐ 道理	truth
shí táng 食堂	dining room	yì diǎnr 一点儿	a little
zāo gāo 糟糕	terrible	chī kuī 吃亏	suffer losses

听写

吃饭　盒　卖　排队　食堂　道理　吃亏

*糟糕

学说话

糟糕，要迟到了！

糟糕，食堂关门了！

比一比

堂 { 食堂　课堂　礼堂

饭 { 早饭　午饭　晚饭

买 { 买饭　买衣服　买东西

词语运用

一边……一边……

① 弟弟一边哭一边说他的青蛙跑了。

② 华华一边做作业一边上网。

糟糕

① 糟糕！我没带作业。

② 真糟糕！汽车开走了。

回答问题

1. 如果你有了困难，会想到请人帮忙吗？

2. 如果别人帮了你，你应该说什么？

按偏旁部首分类

| 糟 | 糕 | 队 | 送 | 院 | 连 |

米 米字旁 _____　　_____

辶 走之旁 _____　　_____

阝 双耳旁 _____　　_____

谜语

一口咬掉牛尾巴。

（打一字）

儿歌

北京kǎo烤鸭

北京烤鸭传四方，

北京烤鸭香又香。

北京烤鸭怎么吃？

小朋友们想一想。

黄屹轩　画

打开一张小báo bǐng薄饼，

先放cōng葱，后放jiàng酱，

几片鸭肉放中央。

juǎn卷好小饼张口吃，

北京烤鸭——真——叫——香！

第十课

神笔马良

从前有一个孩子叫马良。他从小没了父母,生活很苦。马良喜欢画画,可是家里很穷,连一支笔也没有。马良用树枝在沙土上画天上的鸟,画水中的鱼。

后来,一位神仙老爷爷给了他一支神笔,画什么,什么就变成真的。马良拿笔在墙上画了一只小羊。啊(à),小羊咩(miē)咩叫着从墙上跑了下来。马良又画了苹果、桃子,也都变成真的了。马良很高兴。从那以后,他有吃有穿。马良是个好心的孩子,他还给穷人画鸡鸭,画牛羊……让大家都过上了好日子。

谁知贪心的国王听说马良有支神笔,就把他抓来,对他说:"快给我画金子,要不我就把你关起来。"马良想了想说:"好吧。"于是他画了一片大海，在海中又画了一座闪闪发光的金山，还画了一条大船。马良对国王说："你们坐上船就可以拿到金子了。"国王和他的卫士急忙上了船。这时马良画了几道风，船慢慢地动了。国王想马上得到金子，就对马良大叫："快画风，画大风……"马良一笔又一笔不停地画起风来。海上的风越来越大，浪也越来越高，一个大浪把船打翻了，国王和他的卫士掉进水里，再也没有回来。

生词

liáng 良	good, kind	zuò 座	measure word
fù mǔ 父母	parents	shǎn shǎn fā guāng 闪闪发光	shining
shēng huó 生活	life	wèi shì 卫士	guard
kǔ 苦	hard, bitter	jí máng 急忙	in a hurry
hòu lái 后来	thereafter	yuè lái yuè 越来越	more and more
guān 关	lock up; close	làng 浪	wave

听写

父母　生活　后来　座　闪闪发光　卫士　急忙　海浪　*越来越

比一比

关 { 关门 / 关心 }　　卫 { 卫士 / 卫星 }　　{ 士（卫士）/ 土（土地）}

词语运用

越来越

① 风越来越大。

② 小华跑得越来越快。

③ 上海越来越美丽。

判断对错

1. 有一个孩子叫马狼，他喜欢画画。　　　___对___错

2. 马良拿神笔画什么，什么就变成真的。___对___错

3. 国王拿了金子回来。　　　　　　　　　___对___错

4. 国王喜欢马良。　　　　　　　　　　　___对___错

按偏旁部首分类

笔　海　圆　箭　浪　国

氵　三点水　_____　　_____

⺮　竹字头　_____　　_____

囗　国字框　_____　　_____

读一读

谁的年岁大

树林里，动物们在比谁的年岁大。

猴子说："年岁最大的是鹿大哥，他都二十多岁了。"大象(xiàng)走来说："树林里我的年岁最大，我今年五十多岁啦！"

这时天鹅飞来说："大象弟弟，说大话可不好。你看，我还比你大二十岁呢！"

乌龟爬过来说："你们都比我小，我今年三百岁了！"大家都笑了："啊(à)！还是乌龟年岁大。"

李懿勋 画

第十一课

宝缸

从前有一个农民,家里很穷。一天,他在地里干活,挖出一个水缸。农民把水缸背回家,用它装米。农民放了一点米在缸里,可第二天缸里的米就满了。原来这是一个宝缸。

县官听说农民有一个宝缸,就把宝缸抢回家。他放了一块金子在缸里,没多久,就变成了十块金子。县官心里可高兴了,叫老爸爸来看。老爸爸看着宝缸,左看右看,一不小心,翻进了缸里。县官马上把老爸爸拉出来,谁知道缸里还站着一个爸爸;再拉,里面还有一个……县官一共拉出九个爸爸,缸里还站着一个爸爸。他傻

温巧诗 画

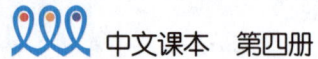

了，急忙说："谁是我的真爸爸？"十个老头都说自己是真的，别人是假的。说着说着就动手打起来，只听"砰"的一声，宝缸打破了。

贪心的县官不但没得到宝缸，还多出了九个爸爸。

生词

gāng 缸	tank	qiǎng 抢	rob
gàn huó 干活	work	jiǎ 假	false
wā 挖	dig	pò 破	broken
xiàn guān 县官	magistrate	bú dàn……hái…… 不但……还……	not only……but also

听写

干活 县官 抢 假 破 *挖 缸

反义词

开——关   苦——甜   真——假

词语运用

一不小心

① 老爸爸看宝缸，一不小心，翻进了缸里。

② 我挖地种花，一不小心，挖到了水管子。

不但……还……

① 县官不但没得到宝缸，还多出九个爸爸。

② 雨不但没停，还越下越大。

回答问题

1. 县官的爸爸那么多会有什么麻烦？

   爸爸们怎么吃饭？怎么看病？

2. 十个爸爸都来关心你，管你，会是什么样？

按偏旁部首分类

抢　官　假　挖　宝　仙

亻　单人旁　_____　_____

宀　宝盖头　_____　_____

扌　提手旁　_____　_____

第十二课

冬天的风

冬天的风,像个调皮的小男孩儿,爱开玩笑。他一会儿吹到东,一会儿吹到西。他到了哪儿,哪儿就会活动起来。小熊怕冷,躲在家里。冬天的风拍打他的窗户,叫他到雪地里玩儿。

小熊、小猪和小白兔一起来到野外,小熊滑冰,小猪和小白兔滑雪。冬天的风调皮地吹他们的脸蛋,把他们的小鼻子吹得红红的。

小鸟们站在树上唱歌,冬天的风像一位神气的琴师,为小鸟们拉琴。

刘艺 画

夜晚,冬天的风像一个故事大王,给小熊、小白兔和鸟儿讲故事。呜——呜——每天晚上,冬天的风都这样讲着,一直讲到第二年春天雪化了。冬天的风向小熊、小白兔和鸟儿说:"再见了,再见。"

生词

tiáo pí 调皮	naughty	yě wài 野外	field, outdoor
kāi wán xiào 开玩笑	take a joke	huá bīng 滑冰	ice skate
chuī 吹	blow	shén qì 神气	proud, spirited
huó dòng 活动	move, be active	qín shī 琴师	musical instrument player
xióng 熊	bear	lā qín 拉琴	play the musical instrument
pà lěng 怕冷	be afraid of the cold	huà 化	melt
chuāng hu 窗户	window		

听写

活动　熊　怕冷　滑冰　窗户　化　野外　*琴师

比一比

活 { 活动 / 生活 / 干活 }　　话 { 说话 / 笑话 / 对话 }　　拍 { 拍打 / 拍球 / 拍照 }　　怕 { 怕冷 / 怕热 / 害怕 }

有趣的汉字

吴瑝摄　影

窗

甲骨文	金文	篆文
甲278	戈父辛鼎	说文解字

字词运用

今　冷

① 今天是星期二。

② 外面下大雪了，天气很冷。

熊　能

① 小熊不怕冷，在雪地里玩儿。

② 你能不能帮我把书还给老师？

拍　怕

① 下课了，同学们玩儿拍皮球。

② 老鼠怕猫。

滑　骨

① 姐姐喜欢滑冰，我喜欢滑雪。

② 小狗爱吃骨头。

组新字

小 —— 大	尖	笔尖
人 —— 人	从	跟从
	zhòng	
人 —— 从	众	大众
日 —— 寸	时	时间
月 —— 月	朋	朋友
禾 —— 火	秋	秋天
口 —— 十	叶	树叶
guǎng		
广 —— 木	床	木床
		tí
门 —— 口	问	问题
门 —— 人	闪	闪电
木 —— 对	树	树木
走 —— 己	起	起来

读一读

狐狸一家

春天，狐狸妈妈生了五只小狐狸。狐狸爸爸每天出去找吃的。每次，狐狸爸爸都要叼(diāo)回五只小田鼠给小狐狸吃。

秋天来了。一天，狐狸爸爸找到一块肉，把肉分成五块，埋(mái)在五个地方，让小狐狸去找，看看他们能不能找到。

冬天到了，小狐狸长大了，会自己找东西吃了。一天，狐狸爸爸和狐狸妈妈离开了小狐狸，小狐狸只好自己过日子了。

谜语

肚上有个大口袋,

不装面包不装菜。

里面专门放娃娃,
(zhuān)

一跳一跳跑得快。

（打一种动物）

张罗蕴　画

第十三课

大鸡蛋，小鸡蛋

黑熊要养鸡，背着一口袋玉米出去换鸡蛋。他一边走一边叫："玉米换鸡蛋！玉米换鸡蛋！"狐狸大娘笑眯眯地走过来说："你好！黑熊。我有鸡蛋，和你换玉米。"黑熊心想："人们都说，和狐狸换东西可得小心点儿！"正想着，狐狸大娘拿着一篮子蛋出来了。黑熊一看，说："这蛋怎么有大有小？大的比苹果还大，小的比核桃还小。"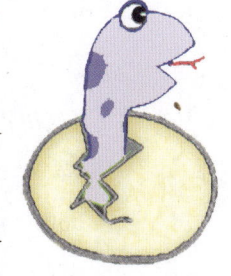狐狸大娘笑着说："这蛋哪能一样大呢？蛋分两种。大蛋，是大鸡下的；小蛋，是小鸡下的呀！"黑熊想："也对。大鸡生大蛋，小鸡生小蛋。好吧，换啦。"

黑熊把鸡蛋拿回家，放在床上。他想孵(fū)出一群小鸡。可是奇怪的事情发生了。

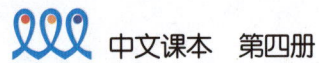

几天后，从蛋壳里钻出几只小乌龟。小乌龟离开黑熊家，跳进水里游走了。又过了几天，从蛋壳里出来了几条小青蛇，小青蛇爬进草里不见了。后来，从蛋壳里又出来几条小鳄鱼，小鳄鱼扑通、扑通跳进湖里，再也不回来了。最后，从最大的蛋里钻出一只小鸵鸟。小鸵鸟对黑熊说："我要去沙漠玩儿玩儿，再见！"就头也不回地跑了。

黑熊看着空空的蛋壳，说："狐狸呀狐狸！"

生 词

yǎng 养	raise		fā shēng 发生	happen
yù mǐ 玉米	corn		dàn ké 蛋壳	egg shell
dà niáng 大娘	aunt		zuān chū 钻出	creep out
hé tao 核桃	walnut		è yú 鳄鱼	crocodile
fēn 分	divide		pū tōng 扑通	flop
xià dàn 下蛋	lay eggs		tuó niǎo 鸵鸟	ostrich
qí guài 奇怪	strange		shā mò 沙漠	desert

听写

养　玉米　大娘　分　奇怪　发生　蛋壳

沙漠　*钻出　核桃

比一比

良 { 良好 / yōu 优良 }　　娘 { 大娘 / 娘娘 }　　狼 { 狼狗 / huī 灰狼 }

孩 { 孩子 / 小孩 }　　核 { 核桃 / 果核 }

多音字

háng 行　　　　　　　　xíng 行

háng 行 { 银行 / 排成一行 }　　xíng 行 { 人行道 / 行不行 }

ké 壳　　　　　　　　qiào 壳

ké 蛋壳　　　　　　　qiào 地壳

> 词语运用

换

① 姐姐换上新衣服，去参加朋友的生日晚会。

② 明天我们要去日本，妈妈去银行换钱了。

> 组新字

几——木	朵	花朵
北——月	背	背后
王——元	玩	玩球
女——良	娘	大娘

加一笔变新字，写在□里

例：大——太

王——□　　日——□　　木——□

白——□　　大——□　　口——□

十——□　　人——□　　了——□

 谜语

大姐脸儿美，

二姐一肚水，

三姐露(lòu)着牙，

四姐歪(wāi)着嘴。

（打四种水果）

读一读

老鼠嫁(jià)女

哩(lī)哩啦，哩哩啦，敲锣(luó)鼓(gǔ)，吹喇(lǎ)叭(ba)。

老鼠家里办喜事，有个女儿要出嫁(jià)。

"女儿嫁给谁？"

妈妈问爸爸。

爸爸是个老糊(hú)涂(tu)，

他说："谁神气就嫁给谁。"

爸爸就去找太阳，

辛玮昕　画

太阳说："乌云要遮(zhē)我，乌云来了我害怕。"

爸爸就去找乌云，

乌云说："大风要吹我，大风来了我害怕。"

爸爸就去找大风，

大风说："高墙要挡(dǎng)我，我见高墙就害怕。"

爸爸就去找高墙，

高墙说:"老鼠会打洞,老鼠来了我害怕。"

太阳怕乌云,

乌云怕大风,

大风怕高墙,

高墙怕老鼠,

老鼠怕猫咪(mī)。

爸爸乐得笑哈哈,

原来猫咪最神气,

女儿应当嫁给他。

哩哩啦,哩哩啦,敲锣鼓,吹喇叭。

老鼠女儿坐花轿(jiào),一抬抬到猫咪家。

老鼠爸爸和妈妈,

第二天来看女儿啦。

咦(yí),女儿不见了?

女儿在哪儿?女儿在哪儿?

猫咪说:"我怕人家欺负(qī fù)她,啊呜(ā wū)一口就吞(tūn)下。"

第十四课

要下雨了

小白兔到山上去采花。他采了一会儿花，觉得天气很闷。一只小燕子从他头上飞过，小兔大声喊："燕子，燕子，你为什么飞得这么低啊？"燕子一边飞一边说："要下雨了。空气很潮湿，虫子的翅膀上有小水珠，飞不高，我正忙着捉虫子呢。"

是要下雨了吗？小白兔往前一看，池子里的小鱼都游到水面上来了。小白兔跑去问："小鱼，小鱼，今天怎么有空出

Floria（郝梦友） 画

来啊？"小鱼说："要下雨了。水里闷得很，游到水面上来透透气。小白兔，你快回家吧，小心淋(lín)雨。"

小白兔急忙往家跑，看见路边一大群蚂蚁。小白兔说："小蚂蚁，要下雨了！"一只大蚂蚁说："是要下雨了，我们正忙着往高处搬家呢。"

小白兔一边往家跑，一边喊："妈妈，妈妈，要下雨了！"一阵雷声，哗(huā)，哗，哗，下大雨了。

生词

cǎi huā 采花	pick a flower	chí zi 池子	pond
yàn zi 燕子	swallow	yǒu kòng 有空	at leisure, have time off
mēn 闷	stuffy	tòu qì 透气	breathe freely
hǎn 喊	shout	bān jiā 搬家	move (the house)
dī 低	low	zhèn 阵	*measure word*
kōng qì 空气	atmosphere	léi shēng 雷声	sound of the thunder
cháo shī 潮湿	damp		

听写

采　闷　喊　低　池子　透气　搬家

一阵　雷声　*燕子　潮湿

比一比

处 { 高处
　　 远处

外 { 外面
　　 外国
　　 外衣

{ 搬（搬家）
　 船（坐船）

{ 阵（一阵）
　 车（汽车）

词语运用

忙着

① 小燕子正忙着捉虫子。

② 蚂蚁正忙着搬家。

多音字

kōng
空

kōng 空 { 空气
空调

kòng
空

kòng 空 { 有空
空位

zháo
着

zháo 着 { 着急
着火

zhe
着

zhe 着 { 拿着
哭着

 儿歌

组字歌

"一"进门,把门"闩"（shuān）。

"人"进门,电光"闪"。

"耳"进门,听新"闻"（wén）。

"日"进门,看时"间"。

"口"进门,"问"题多。

"心"进门,"闷"得慌。

"才"进门,"闭"着眼。

读一读

种金子

一天,国王看见阿凡提把金子放进土里,奇怪地问:"你在干什么呢?""种金子!"阿凡提说。国王问:"这金子怎么种呢?""就是把金子种下去,过几天就能收许多金子。"国王一听,眼睛都红了,说:"我们一起种吧。"

国王给了阿凡提一块金子。过了一个星期,他给国王送去了十块金子。看见闪闪发光的金子,国王高兴极了,就又给阿凡提一大箱金子叫他去种。阿凡提把金子拿回家,分给了穷人。

过了一个星期,阿凡提哭着去见国王,说:"这几天没下雨,金子都干(gān)死(sǐ)了。"国王一听,气得大叫:"你骗(piàn)谁?金子哪有干死的!"阿凡提说:"这就怪了!您不相信金子会干死,怎么又相信金子能种呢?"国王一句话也说不出来。

刘艺 画

第十五课

买梦

一天，小青蛙坐在湖里的大荷叶上，忙着找虫子吃。一只小红鸟飞来，高兴地说："小青蛙，我昨天晚上做了一个梦，梦见和一只漂亮的大蝴蝶一起玩儿。"小青蛙心想：做梦真好。今天晚上，我也要做一个好玩儿的梦。

晚上，小青蛙早早闭上眼睛，等着梦来。他等呀，等呀，慢慢睡着了。小青蛙一觉醒来，咦？我什么梦也没做呀。他很不高兴。突然，小青蛙想到一个好主意："我去买一个梦吧。"他拿了钱，买梦去了。

朱桢丽　画

小青蛙看到红金鱼在水里游,就说:"红金鱼,我想买一个梦,你有吗?"红金鱼说:"我没有。"说完就游走了。她那红红的尾巴在绿绿的湖水里,一甩,一甩。

这时白天鹅落到了水面上,小青蛙问:"大天鹅,我想买个梦,你有吗?"天鹅说:"我不卖梦。"说完就飞上天空。她那雪白的大翅膀,在蓝蓝的天空里,一扇一扇。

小青蛙买不到梦,只好回家了。夜里真安静,小青蛙一下子就睡着了。他开始做梦了:他梦见和红金鱼一起在水里游来游去,又梦见白天鹅背着他在蓝天上飞……

天亮时,小青蛙想着自己做的梦,高兴极了。他想,原来我会做这么好玩儿的梦呀!

(根据冰波著《买梦》改编)

生词

hú 湖	lake	shuǎi 甩	swing
bì 闭	close	shān 扇	fan, flap
xǐng 醒	wake	ān jìng 安静	quiet
tū rán 突然	suddenly	kāi shǐ 开始	begin, start
zhǔ yi 主意	idea	jí 极	very

听写

湖　闭　醒　突然　主意　安静　开始

扇　极　*甩

比一比

花 { 红花 / 开花 / 花钱 }

主 { 主要 / 主人 / 主意 }

朵 { 耳朵 / 花朵 / 云朵 }

多音字

shàn
扇

shān
扇

shàn 扇 { 扇子
　　　　一扇门

shān 扇 { 扇风
　　　　扇一扇

词语运用

一扇　　扇子　　扇一扇

① 这间房子有一扇大窗户，所以很明亮。

② 扇子分很多种，有竹扇、纸扇、羽毛扇。

③ 白天鹅扇一扇翅膀飞走了。

儿歌

量词歌
（liàng）

一条河里两只鸭，

三匹马儿把车拉，

四件衣服五双鞋，

六张地图七幅画，

八棵树，九朵花，

十只鸟儿叫喳喳。
（zhā）

小朋友，要记住，

用错量词出笑话。

量词

个 { 一（个）人
　　一（个）西瓜
　　一（个）梨
　　一（个）皮球

群 { 一（群）人
　　一（群）羊
　　一（群）蚂蚁
　　一（群）牛

只 { 一（只）鸡
　　一（只）鸭
　　一（只）鸟
　　一（只）虎

条 { 一（条）河
　　一（条）路
　　一（条）蛇
　　一（条）鱼
　　一（条）毛巾

双 { 一（双）鞋
　　一（双）眼
　　一（双）手

扇 { 一（扇）窗
　　一（扇）门

一（头）牛

一（匹）马

第十六课

蚕姑娘

春天,蚕卵里出来了蚕姑娘,又黑又小。它吃了几天桑叶,就睡了,不吃也不动,脱下黑衣裳。醒了,醒了,变成黄姑娘。

又黄又瘦的蚕姑娘吃了几天桑叶,又睡了,不吃也不动,脱下黄衣裳。醒了,醒了,变成白姑娘。

白白的蚕姑娘吃了几天桑叶,又睡了,脱下旧衣裳,换上新衣裳。醒了,醒了,身体白又胖。

又白又胖的蚕姑娘,每天要吃很多桑叶。过了几天,又睡了,脱下旧衣裳,换上新衣裳。醒了,醒了,身体发亮了。

睡了四次的蚕姑娘，吃了几天桑叶，爬到蚕山上，吐出白丝。成了，成了，茧子真漂亮。过了几天，茧子开了口。变了，变了，变成蛾姑娘。

在中国，许多小朋友都养过蚕，很有趣。你想试一试吗？

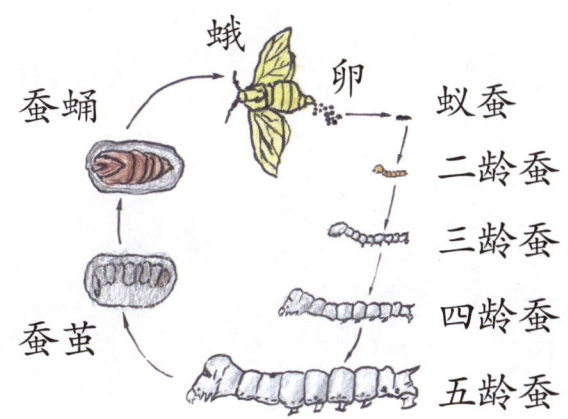

生 词

cán 蚕	silkworm	měi tiān 每天	everyday
gū niang 姑娘	girl	tǔ chū 吐出	spit out
sāng yè 桑叶	mulberry leaf	jiǎn zi 茧子	cocoon
tuō 脱	take off	é 蛾	moth
shòu 瘦	thin	yǒu qù 有趣	interesting
jiù 旧	old, used	shì yi shì 试一试	give it a try

听写

蚕　姑娘　桑　脱　瘦　旧　每　吐　有趣

＊试一试

比一比

{ 土（土地）
  吐（吐丝）

{ 蛾（蛾子）
  鹅（白鹅）

词语运用

又……又……

① 蚕宝宝又白又胖。

② 天又冷，风又大。

③ 我又会中文，又会英文。

反义词

新——旧　　　胖——瘦　　　睡——醒

穿——脱　　　吃——吐　　　早——晚

量词

片 {	一（片）树林 一（片）白云	朵 {	一（朵）花 一（朵）云
棵 {	一（棵）树 一（棵）草	幅 {	一（幅）地图 一（幅）画
张 {	一（张）地图 一（张）桌子	把 {	一（把）扇子 一（把）椅子

看一看，比一比

甲骨文中的"桑蚕丝"

桑　　　　　蚕　　　　　丝

儿歌

蚕姑娘,白又胖。

小桑叶,做花床。

吐银丝,做衣裳,

穿起来,真漂亮。

Floria（郝梦友） 画

léi zǔ
嫘祖

相传黄帝的妻子嫘祖,是第一个养蚕的人。一天,嫘祖看见桑树上有一种白色的小虫。小虫会吐丝,又

用丝做成茧。嫘祖在树下喝水，一阵风把一个茧子吹落到她的碗(wǎn)里。她把茧子从水里挑出来，发现了一根(gēn)丝。她把这根丝拉出来，丝很长，从中午一直拉到下午才拉完。这就是蚕丝。嫘祖非常高兴，从那以后，她开始教(jiāo)人们养蚕，用蚕丝做衣服。

养蚕活动

春天到了，我们可以养蚕了。养蚕活动好处多，我们可以做一次"小生物学家"，一边养蚕，一边观察记录。

一、养蚕指南

1. 给蚕吃的桑叶不能带水，不然蚕会生病。

2. 蚕睡觉时不吃不喝，不要动它。

3. 蚕睡了四次，身体发亮了，准备(zhǔnbèi)好蚕山。

4. 蛾子出来了，把蛾子放在纸上让它产(chǎn)卵。

5. 和家长一起试试"缫(sāo)丝"，小心不要烫(tàng)到。

二、观察记录

1. 观察：看看蚕从出卵到结茧一共多少天，蚕睡觉时头上有什么变化，等等。

2. 记录：用文字、照片、影像、图画等方法。

3. 提出问题，也许你有更好的建议。

4. 写一份养蚕记录。

第十七课

骂鸭

从前有个懒汉,每天什么活也不干。手头没钱了,他就偷东西,人人都不喜欢他。

邻居老爷爷养了一群鸭子,懒汉馋得直流口水。一天,老爷爷不在家,懒汉偷了一只鸭,回家关上门,把鸭子煮好,美美地吃了一顿,就上床睡觉了。

半夜里,懒汉觉得身上发痒,好像许多小虫在叮他,难受极了。早上懒汉起床一看,天哪,身上长满了鸭毛。懒汉吓坏了。

夜里,懒汉做了个梦,梦见一个神仙来了,对他说:"你这个病是老天爷教训你呀。只有让丢鸭子的人骂你一顿,才能治好

你的病。"懒汉醒来，马上去见邻居老爷爷，对他说："大爷，您丢了鸭子，还不把偷鸭的坏人好好儿骂一顿呀？"

老爷爷笑笑说："我哪有时间去骂人？"懒汉急得没有办法，只好把事情都说了出来。老爷爷不信，懒汉解开衣服给他看身上的鸭毛。老爷爷只好骂了几句。真怪，懒汉身上的鸭毛一下子就没有了。

从那以后，懒汉好好儿种田，再也不干坏事了。

生词

lǎn hàn 懒汉	lazy man	lǎo tiān yé 老天爷	God
tōu 偷	steal	jiào xun 教训	teach a lesson
lín jū 邻居	neighbor	mà 骂	abuse, scold
zhǔ 煮	boil	zhì bìng 治病	cure, treat an illness
dùn 顿	measure word	diū 丢	lose
yǎng 痒	itch	shì qing 事情	thing
dīng 叮	bite	jiě kāi 解开	undo
nán shòu 难受	uncomfortable		

听写

偷　邻居　顿　难受　骂　治病　丢　事情

＊解开

比一比

居 { 邻居 / 居住 / 居民 }

教 { 教训 / 教师 / 教室 }

解 { 解开 / 了解(liǎo) }

量词

一（杯）茶	一（根）木头
一（本）书	一（件）衣服
一（顿）饭	一（个）西瓜
一（袋）米	一（块）点心
一（支）笔	一（张）桌子

读一读

金斧头（fǔ）

有一个孩子，名字叫诚实（chéng shí）。一天，他去砍柴（kǎn chái），过河时不小心把斧头掉到河里了。他很着急，这时来了一个白发老人。老人拿着一把金斧头问他："这是你的斧头吗？"诚实摇（yáo）摇头，说："不是。"老人又拿出一把铁（tiě）斧头。诚实说："这把铁斧头是我的。"老人点点头，说："你真是个诚实的孩子。"诚实谢了老人，上山砍柴，觉得这把斧头真好用。他很快砍完柴，唱着歌回家了。

有个贪心的男孩儿听说了。他带着铁斧头走到桥（qiáo）上，把它扔（rēng）到河里。一会儿，来了一个白发老人。老人拿出两把斧头，

问这个男孩儿:"我这里有一把金斧头和一把铁斧头,哪一把是你的?"贪心男孩儿拿起金斧头说:"这是我的斧头。"老人什么话也没有说就走了。贪心男孩儿手里的金斧头又变成了铁斧头。

谜语

有面没有口,

有脚没有手。

它有四条腿,

可是不会走。

(打一家具)

第十八课

罐头盒

森林里有一片绿绿的草地。一天，不知是谁把一个空罐头盒扔在了草地上。

猴子见了说："这么好的一片草地，扔了个罐头盒，多不好看哪！"说着捡起来狠狠地扔了出去。罐头盒飞呀飞，"咚(dōng)"的一声，砸到野猪的头上。野猪说："怎么能乱扔东西？还好我的皮厚。"野猪用他的长牙挖了个坑，把罐头盒埋了起来。

住在地底下的田鼠发现了，生气地说："怎么能把自己不喜欢的东西往土里埋，也不管人家喜欢不喜欢！"田鼠又把罐头盒挖出来，一扔，罐头盒滚到兔子家门口。兔子飞起一脚："去你

辜玮昕 画

的!"罐头盒落到一个鸟窝里,还好没砸到孩子们。鸟窝下面有一条小河,鸟爸爸生气地把罐头盒扔进小河里……这时,一个在河边玩儿的小朋友看见了,把罐头盒捞起来,扔进了垃圾箱。

辜玮昕 画

生 词

guàn tou 罐头	can	pí 皮	skin
sēn lín 森林	forest	hòu 厚	thick
rēng 扔	throw	kēng 坑	pit
jiǎn qi lai 捡起来	pick up	mái 埋	bury
hěn hěn 狠狠	strongly	bù guǎn 不管	regardless of
zá 砸	hit	lā jī xiāng 垃圾箱	garbage bin
luàn 乱	at random		

听写

森林　扔　捡起来　狠狠　乱　埋　厚　不管
垃圾箱　*砸　坑

词语运用

不管

① 姐姐老是大声唱歌，也不管我们爱听不爱听。

② 他上课老说话，也不管别人能不能上课。

比一比

{ 拉（手拉手）
　垃（垃圾箱） 　{ 扔（乱扔）
　奶（奶奶） 　{ 相（相信）
　箱（箱子）

回答问题

1. 猴子把罐头盒扔了,是好办法吗?

2. 野猪把罐头盒埋在地里,看不见了,它聪明吗?

3. 兔子飞起一脚,罐头盒飞到了哪里?危险吗?

4. 你看见扔在路边的罐头盒会怎样做?

量词

一(辆)车　　　　一(架)飞机

一(道)菜　　　　一(块)木头

一(间)房　　　　一(dá打)鸡蛋

量词填空

我家有四(　　)人,爸爸、妈妈、哥哥和我。我家有五(　　)房子。客厅的墙上挂着一(　　)画,画中有一(　　)飞机。cān餐厅里有一(　　)桌子,四(　　)椅子。晚上全家人一起吃饭,很nào热闹。

儿歌

小朋友,讲卫生,
果皮纸屑(xiè)不乱扔。

好学生,讲卫生,
垃圾扔进垃圾桶(tǒng)。

第十九课

生肖的传说

传说古时候，人是没有生肖的，玉帝为了给人们排定生肖，要开一个动物大会。

猫和老鼠原来是好朋友，说好一起去参加大会。可是第二天，老鼠很早起来，没有叫猫，自己去了。

龙哥哥也要参加大会。它生得很神气，但头上光秃秃的。龙看见公鸡头上的角就说："公鸡，把你的角借我用一用好吗？"公鸡说："今天我也要去呢。"龙说："你就是没有角也很漂亮啊。"公鸡就把角借给了龙。

动物大会上，玉帝挑出了牛、马、羊、狗、猪、兔、虎、龙、蛇、猴、鸡、鼠十二种动物，作为人的生肖。玉帝说："牛最大，做第一生肖吧！"可小老鼠说："我比牛大！不信，听听人们是怎么说的。"

玉帝和十二种动物来到人间。人们看见牛都说："这头牛真肥！"这时，小老鼠突然跳到牛背上，人们都叫起来："这只老鼠真大！"玉帝听见了只好说："就让老鼠做第一生肖，牛第二吧。"

老鼠回到家，对猫说大会已经开完了，猫生气地向老鼠扑去。从此，老鼠一见到猫就跑。

再说公鸡来到水边说："龙哥哥，请把角还给我吧。"龙不想还，就沉到水底。公鸡没办法，只好天一亮，就高叫："龙哥哥，还我角，龙哥哥，还我角……"

生词

shēng xiào 生肖	Chinese zodiac animals	jiè 借	borrow; lend
chuán shuō 传说	legend	tiāo chū 挑出	choose, pick out
yù dì 玉帝	God of Heaven (in Chinese legend)	féi 肥	fat
pái dìng 排定	rank	cóng cǐ 从此	from then on
cān jiā 参加	participate in	huán 还	return
guāng tū tū 光秃秃	bald	chén dǐ 沉底	sink to the bottom

听写

生肖　传说　玉帝　参加　光秃秃　借

挑出　从此　沉底　*肥

比一比

排 { 排队 / 一排 }

借 { 借钱 / 借车 }

光 { 灯光
     光秃秃

足 { 足球
     满足

多音字

   hái   huán
   还   还

虽然爷爷今年70岁了，但^{hái}还是很喜欢同孩子们玩儿。

公鸡让龙把角^{huán}还给它。

借了别人的东西，用完了一定要^{huán}还。

反义词

  大——小   大人——小孩儿

          zēng jiǎn
  多——少   增多——减少

  出——入   出口——入口

  日——夜   白日——黑夜

  黑——白   黑天——白天

  天——地   天上——地下

左——右　　左手——右手

有——无　　有名——无名

老——少　　老人——少年

东——西　　东风——西风

南——北　　南方——北方

来——去　　回来——离去

词语运用

从此

① 从此，老鼠一看见猫就跑。

② 我和哥哥从此再也不吵架了。

③ 龙不还角，从此公鸡天一亮就高叫："龙哥哥还我角。"

读一读

我家是个动物园

爸爸属(shǔ)牛,天天工作。

妈妈属鸡,每天早起。

姐姐属羊,说话和气。

妹妹属兔,爱吃青菜。

哥哥属马,跑得飞快。

弟弟属猴,爬上爬下。

我属龙,喜欢游泳!

爸爸说:"我家是个动物园!"

Nanny 画

看图说生肖

1. 爸爸属什么?

2. 妈妈属什么?

3. 你家里有几个孩子?都属什么?

第二十课

等我也长了胡子

汤锐

等我也长了胡子,

我就是一个爸爸。

我会有一个小小的儿子,

他就像我现在这么大。

我要跟他一起探险,

看小蜘蛛怎样织网,

看小蚂蚁怎样搬家。

我一定不打着他的屁股喊:

"喂,别往地上爬!"

刘艺　画

我要给他讲最有趣的故事,

告诉他大公鸡为什么不会下蛋,

小蝌蚪为什么不像妈妈。

我一定不对他吹胡子瞪眼:

"去去!我忙着哪!"

我要带他去动物园,

先教大狗熊敬个礼,

再教小八哥说句话。

我一定不老是骗他:

"等下次再去吧!"

哎呀,我真想真想,

快点儿长出胡子。

到时候,不骗你,

一定做个这样的爸爸。

生词

hú zi		dòng wù yuán	
胡子	mustache	动物园	zoo
tàn xiǎn		jìng lǐ	
探险	explore, venture	敬礼	salute
pì gu		bā ge	
屁股	buttock(s)	八哥	myna
dèng yǎn		piàn	
瞪眼	glare	骗	cheat, lie

听写

胡子　探险　屁股　动物园　敬礼　骗

＊瞪眼

比一比

礼 { 敬礼 / 礼物

险 { 探险 / 危险

{ 胡（胡子） / 湖（湖水）

反义词

高——低　　　　高分——低分

正——反　　　　正面——反面

对——错　　　　高兴——生气

读一读

爸爸生气的五个原因

陈小杰（八岁）

"小虎，你今天练钢(gāng)琴了吗？"爸爸一进家门就问。"没有。"我一边玩儿一边回答。爸爸说："不要玩儿了！"爸爸生气了。

"小虎，你做完作业了吗？"爸爸又问。"做了一半。"我正想看电视，爸爸就把电视关了。爸爸又生气了。

我用英语和爸爸说我肚子饿(è)了。"小虎，用中文！"爸爸生气了。

在饭馆儿吃饭的时候,爸爸说:"小虎,我们吃饱了,你快点儿吃!"爸爸又生气了。

回到家里,我躺在床上看书。"小虎,不要看书了!太晚了,明天还要早起去学校呢!"爸爸又生气了。

杨眉　画

潘佳懿　画

 小品

反义词

胡勉滋

角色：老师、学生若干

老师："今天我们复习反义词，我们这样来练习，我说一个词，你们说出它的反义词。现在开始。"

老师："上。"
学生："下。"

老师："好。"
学生："坏。"

老师："今天很热。"
学生："今天很冷。"

老师："现在我很高兴。"
学生："现在我很生气。"

老师："我捡到一块钱。"
学生："我丢了一块钱。"

老师："我捡到一块钱，交给老师了。"
学生："我丢了一块钱，去拿老师的。"

老师："错误，不能这样说！"
学生："正确，可以这样说！"

老师："错了！"

学生："对了！"

老师："听老师的！"

学生："听我们的！"

老师："停止！停止！"

学生："继续！继续！"

老师："你们现在别说了！"

学生："我们现在还要说！"

……

之后老师生气地抱着书本走出了教室。

反义词顺口溜（可打快板）

上对下，小对大。前对后，左对右。

多对少(shǎo)，老对少(shào)。来对去，男对女。

黑对白，里对外。高对低，快对慢。

远对近，早对晚。有对无，出对入。

买对卖，旧对新。南对北，西对东。

天对地，日对夜。苦对甜，晴对阴。

开对关，冷对热。胖对瘦，对对错。

死对生，熟对生。笑对哭，好对坏。

第二十一课

三个和尚

从前有座山,山上有个庙,庙里住着一个瘦和尚。他每天下山挑水,水缸总是满满的。

一天,来了一个胖和尚。他又大又胖,喝水又多,很快缸里就没水了。瘦和尚说:"师弟,缸里没水了,你快下山去挑几桶水。"胖和尚说:"师兄,水是两个人喝的,应该两个人一起去抬。"瘦和尚只好和胖和尚下山抬水。

一个庙,在山上,

来了一个胖和尚。

让我挑水你来喝,

这样的傻瓜我不当。

后来又来了一位小和尚。三个和尚要喝水,但都不愿意挑水。水缸空了,小和尚说:"两位师兄,水缸没水了,我很渴!"瘦和尚说:

"我俩也渴了。小师弟,你快下山去挑几桶水!"小和尚说:"你们力气大不去挑水,让我一个人去,不干!"

一个庙,在山上,
来了一个小和尚。
应当他俩去抬水,
让我去挑就别想!
三个和尚对着望,
渴得两眼冒金光。
一个和尚挑水喝,
两个和尚抬水喝,
三个和尚没水喝!

一天夜里,小老鼠打翻了油灯,庙起火了。三个和尚急了,忙去挑水灭火。三人来来回回从河里往山上挑水。大火终于扑灭了。后来,三个和尚明白了:应该团结合作。从此,水缸里的水又满了。

生词

hé shàng 和尚	monk	liǎ 俩	two
miào 庙	temple	wàng 望	look at
tiāo shuǐ 挑水	carry water with a shoulder pole	yóu dēng 油灯	oil lamp
tǒng 桶	bucket	miè huǒ 灭火	put out the fire
yīng gāi 应该	should	zhōng yú 终于	finally, at last
shǎ guā 傻瓜	fool	tuán jié 团结	unite
yuàn yì 愿意	be willing	hé zuò 合作	cooperate

听写

和尚　庙　挑水　应该　桶　愿意　俩　油灯

灭火　终于　*团结　合作

比一比

跳 { 跳高 / 跳远 / 跳水 }　　桃 { 桃树 / 桃花 / 桃子 }　　挑 { 挑水 / 挑错 / 挑毛病 }

干 { 干活 / 干事 }　　于 { 于是 / 终于 }

反义词

快——慢　　　快走——慢走

长——短　　　长跑——短跑

哭——笑　　　大哭——大笑

满——空　　　满了——空了

词语运用

满了　满意　满分

① 下了几天雨，池子里的水满了。

② 我在好好儿弹(tán)琴，但妈妈还是不满意。

③ 张明中文考试得了满分。

应该

① 已经八点钟了，节目应该开演了。

② 每天起床后，应该跑步、做操。

终于

① 雨下了一天，晚上终于停了。

② 小狗跑丢了，找了三天，终于找到了。

③ 三个和尚终于明白了要团结合作的道理。

看图，讲一讲他们是怎么合作的。

一只蚂蚁在洞口，看见一粒豆。

怎么搬也搬不动，去找好朋友。

一群蚂蚁一起来，抬走这粒豆。

唐僧有时糊涂，

孙悟空火眼金睛，

猪八戒有时做坏事，

沙僧挑着行李，

可是他们一起打妖精，去西天取经。

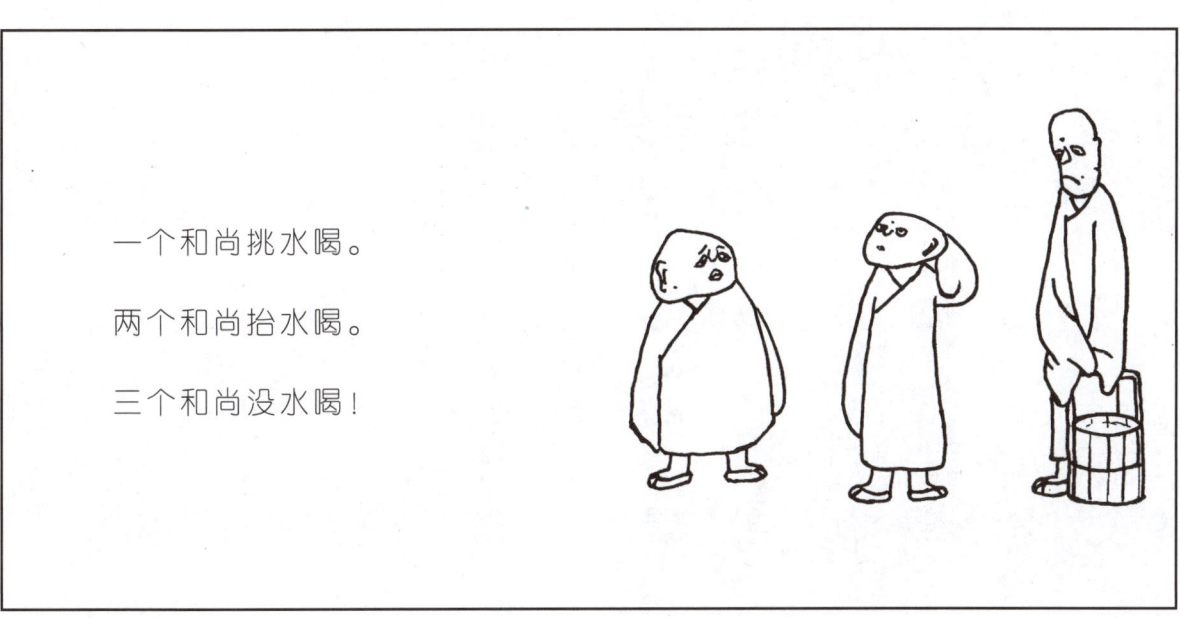

一个和尚挑水喝。

两个和尚抬水喝。

三个和尚没水喝!

谜语

十五天。

（打一字）

我没有，他有。天没有，地有。

（打一字）

生字表（简）

1. 捞(lāo) 已(yǐ) 经(jīng) 往(wǎng) 啦(la) 倒(dào) 挂(guà) 另(lìng) 碰(pèng) 叹(tàn) 呢(ne)
2. 留(liú) 拿(ná) 拍(pāi) 完(wán) 礼(lǐ) 伤(shāng) 京(jīng) 喂(wèi)
3. 支(zhī) 贪(tān) 神(shén) 仙(xiān) 射(shè) 箭(jiàn) 金(jīn) 银(yín) 珠(zhū) 宝(bǎo) 吓(xià) 坏(huài) 滚(gǔn) 急(jí)
4. 故(gù) 幅(fú) 墙(qiáng) 匹(pǐ) 咬(yǎo) 烧(shāo) 形(xíng) 容(róng) 粗(cū) 认(rèn)
5. 拔(bá) 害(hài) 糖(táng) 送(sòng) 甜(tián) 疼(téng) 夫(fū) 连(lián) 敢(gǎn)
6. 吗(ma) 拍(pāi) 呀(ya) 语(yǔ) 加(jiā) 等(děng) 于(yú) 知(zhī) 告(gào) 诉(sù) 共(gòng) 抓(zhuā)
7. 甲(jiǎ) 医(yī) 院(yuàn) 抱(bào) 讲(jiǎng) 哭(kū) 始(shǐ) 反(fǎn)
8. 装(zhuāng) 舞(wǔ) 蛇(shé) 板(bǎn) 热(rè) 双(shuāng) 光(guāng) 响(xiǎng) 夜(yè)
9. 薯(shǔ) 饭(fàn) 盒(hé) 食(shí) 糟(zāo) 糕(gāo) 卖(mài) 队(duì) 眯(mī) 理(lǐ) 亏(kuī)
10. 良(liáng) 父(fù) 母(mǔ) 苦(kǔ) 关(guān) 座(zuò) 闪(shǎn) 卫(wèi) 士(shì) 忙(máng) 越(yuè) 浪(làng)
11. 缸(gāng) 干(gàn) 活(huó) 挖(wā) 县(xiàn) 官(guān) 抢(qiǎng) 假(jiǎ) 破(pò) 但(dàn)
12. 调(tiáo) 皮(pí) 吹(chuī) 活(huó) 熊(xióng) 冷(lěng) 窗(chuāng) 户(hù) 野(yě) 外(wài) 冰(bīng) 滑(huá) 琴(qín) 化(huà)

13. 养(yǎng) 玉(yù) 娘(niáng) 核(hé) 分(fēn) 奇(qí) 壳(ké) 钻(zuān) 鳄(è) 扑(pū) 通(tōng) 驼(tuó) 漠(mò)

14. 采(cǎi) 燕(yàn) 闷(mēn) 喊(hǎn) 低(dī) 潮(cháo) 湿(shī) 池(chí) 透(tòu) 搬(bān) 阵(zhèn) 雷(léi)

15. 湖(hú) 闭(bì) 醒(xǐng) 突(tū) 主(zhǔ) 意(yì) 甩(shuǎi) 扇(shān) 安(ān) 静(jìng) 始(shǐ) 极(jí)

16. 蚕(cán) 姑(gū) 桑(sāng) 脱(tuō) 瘦(shòu) 旧(jiù) 每(měi) 吐(tǔ) 茧(jiǎn) 蛾(é) 趣(qù) 试(shì)

17. 懒(lǎn) 汉(hàn) 偷(tōu) 邻(lín) 居(jū) 煮(zhǔ) 顿(dùn) 痒(yǎng) 叮(dīng) 难(nán) 受(shòu) 训(xùn) 骂(mà)

治(zhì) 丢(diū) 情(qíng) 解(jiě)

18. 罐(guàn) 森(sēn) 扔(rēng) 捡(jiǎn) 狠(hěn) 砸(zá) 乱(luàn) 厚(hòu) 坑(kēng) 埋(mái) 管(guǎn) 垃(lā) 圾(jī)

箱(xiāng)

19. 肖(xiào) 传(chuán) 帝(dì) 参(cān) 加(jiā) 秃(tū) 借(jiè) 挑(tiāo) 肥(féi) 此(cǐ) 沉(chén) 底(dǐ)

20. 胡(hú) 探(tàn) 屁(pì) 股(gǔ) 瞪(dèng) 敬(jìng) 骗(piàn)

21. 尚(shàng) 庙(miào) 桶(tǒng) 该(gāi) 愿(yuàn) 俩(liǎ) 望(wàng) 油(yóu) 灭(miè) 终(zhōng) 团(tuán)

结(jié) 合(hé)

共计240个生字，累计758个生字

生字表（繁）

1. 撈(lāo) 已(yǐ) 經(jīng) 往(wǎng) 啦(la) 倒(dào) 掛(guà) 另(lìng) 碰(pèng) 嘆(tàn) 呢(ne)
2. 留(liú) 拿(ná) 拍(pāi) 完(wán) 禮(lǐ) 傷(shāng) 京(jīng) 喂(wèi)
3. 支(zhī) 貪(tān) 神(shén) 仙(xiān) 射(shè) 箭(jiàn) 金(jīn) 銀(yín) 珠(zhū) 寶(bǎo) 嚇(xià) 壞(huài) 滾(gǔn) 急(jí)
4. 故(gù) 幅(fú) 牆(qiáng) 匹(pǐ) 咬(yǎo) 燒(shāo) 形(xíng) 容(róng) 粗(cū) 認(rèn)
5. 拔(bá) 害(hài) 糖(táng) 送(sòng) 甜(tián) 疼(téng) 夫(fū) 連(lián) 敢(gǎn)
6. 嗎(ma) 拍(pāi) 呀(ya) 語(yǔ) 加(jiā) 等(děng) 於(yú) 知(zhī) 告(gào) 訴(sù) 共(gòng) 抓(zhuā)
7. 甲(jiǎ) 醫(yī) 院(yuàn) 抱(bào) 講(jiǎng) 哭(kū) 始(shǐ) 反(fǎn)
8. 裝(zhuāng) 舞(wǔ) 蛇(shé) 闆(bǎn) 熱(rè) 雙(shuāng) 光(guāng) 響(xiǎng) 夜(yè)
9. 薯(shǔ) 飯(fàn) 盒(hé) 食(shí) 糟(zāo) 糕(gāo) 賣(mài) 隊(duì) 眯(mī) 理(lǐ) 虧(kuī)
10. 良(liáng) 父(fù) 母(mǔ) 苦(kǔ) 關(guān) 座(zuò) 閃(shǎn) 衛(wèi) 士(shì) 忙(máng) 越(yuè) 浪(làng)
11. 缸(gāng) 幹(gàn) 活(huó) 挖(wā) 縣(xiàn) 官(guān) 搶(qiǎng) 假(jiǎ) 破(pò) 但(dàn)
12. 調(tiáo) 皮(pí) 吹(chuī) 活(huó) 熊(xióng) 冷(lěng) 窗(chuāng) 戶(hù) 野(yě) 外(wài) 冰(bīng) 滑(huá) 琴(qín) 化(huà)

	yǎng	yù	niáng	hé	fēn	qí	ké	zuān	è	pū	tōng	tuó	mò
13.	養	玉	娘	核	分	奇	殼	鑽	鱷	撲	通	駝	漠

	cǎi	yàn	mēn	hǎn	dī	cháo	shī	chí	tòu	bān	zhèn	léi
14.	採	燕	悶	喊	低	潮	濕	池	透	搬	陣	雷

	hú	bì	xǐng	tū	zhǔ	yì	shuǎi	shān	ān	jìng	shǐ	jí
15.	湖	閉	醒	突	主	意	甩	搧	安	靜	始	極

	cán	gū	sāng	tuō	shòu	jiù	měi	tǔ	jiǎn	é	qù	shì
16.	蠶	姑	桑	脫	瘦	舊	每	吐	繭	蛾	趣	試

	lǎn	hàn	tōu	lín	jū	zhǔ	dùn	yǎng	dīng	nán	shòu	xùn	mà
17.	懶	漢	偷	鄰	居	煮	頓	癢	叮	難	受	訓	罵

	zhì	diū	qíng	jiě
	治	丟	情	解

	guàn	sēn	rēng	jiǎn	hěn	zá	luàn	hòu	kēng	mái	guǎn	lā	jī
18.	罐	森	扔	撿	狠	砸	亂	厚	坑	埋	管	垃	圾

	xiāng
	箱

	xiào	chuán	dì	cān	jiā	tū	jiè	tiāo	féi	cǐ	chén	dǐ
19.	肖	傳	帝	參	加	禿	借	挑	肥	此	沉	底

	hú	tàn	pì	gǔ	dèng	jìng	piàn
20.	鬍	探	屁	股	瞪	敬	騙

	shàng	miào	tǒng	gāi	yuàn	liǎ	wàng	yóu	miè	zhōng	tuán
21.	尚	廟	桶	該	願	倆	望	油	滅	終	團

	jié	hé
	結	合

共計240個生字，纍計758個生字

生词表（简）

1. 捞(lāo) 已经(yǐ jīng) 往(wǎng) 啦(la) 倒(dào) 挂(guà) 另(lìng) 碰(pèng) 看见(kàn jiàn) 叹气(tàn qì) 呢(ne)

2. 留(liú) 打网球(dǎ wǎng qiú) 不过(bú guò) 拿(ná) 拍子(pāi zi) 完(wán) 礼物(lǐ wù) 伤心(shāng xīn) 上网(shàng wǎng) 面对面(miàn duì miàn) 晚上(wǎn shang) 打电话(dǎ diàn huà) 北京(běi jīng) 喂(wèi)

3. 支(zhī) 从前(cóng qián) 贪心(tān xīn) 神仙(shén xiān) 射箭(shè jiàn) 一下子(yí xià zi) 金银珠宝(jīn yín zhū bǎo) 老虎(lǎo hǔ) 吓坏(xià huài) 滚(gǔn) 着急(zháo jí)

4. 马虎(mǎ hu) 故事(gù shi) 画家(huà jiā) 觉得(jué de) 幅(fú) 好玩儿(hǎo wánr) 墙(qiáng) 匹(pǐ) 以为(yǐ wéi) 咬(yǎo) 烧(shāo) 形容(xíng róng) 粗心(cū xīn) 认真(rèn zhēn)

5. 拔牙(bá yá) 害怕(hài pà) 糖(táng) 从来(cóng lái) 送(sòng) 甜(tián) 疼(téng) 大夫(dài fu) 连(lián) 不敢(bù gǎn)

6. 吗(ma) 拍(pāi) 呀(ya) 语文(yǔ wén) 数学(shù xué) 体育(tǐ yù) 加(jiā) 等于(děng yú) 只有(zhǐ yǒu) 知道(zhī dào) 告诉(gào su) 一共(yí gòng) 抓住(zhuā zhù)

7. 指甲(zhǐ jia) 医院(yī yuàn) 抱(bào) 讲(jiǎng) 哭(kū) 可以(kě yǐ) 长大(zhǎng dà) 开始(kāi shǐ) 反(fǎn)

8. 服装店(fú zhuāng diàn) 舞会(wǔ huì) 蛇(shé) 老板(lǎo bǎn) 高跟鞋(gāo gēn xié) 上衣(shàng yī) 口袋(kǒu dài) 毛衣(máo yī) 热(rè) 背心(bèi xīn) 裙子(qún zi) 一会儿(yí huìr) 双(shuāng) 月光(yuè guāng) 响(xiǎng) 夜晚(yè wǎn)

9. 薯条 吃饭 盒 一边……一边…… 食堂 糟糕 卖
   排队 笑眯眯 道理 一点儿 吃亏

10. 良 父母 生活 苦 后来 关 座 闪闪发光
    卫士 急忙 越来越 浪

11. 缸 干活 挖 县官 抢 假 破 不但……还……

12. 调皮 开玩笑 吹 活动 熊 怕冷 窗户 野外
    滑冰 神气 琴师 拉琴 化

13. 养 玉米 大娘 核桃 分 下蛋 奇怪 发生 蛋壳
    钻出 鳄鱼 扑通 鸵鸟 沙漠

14. 采花 燕子 闷 喊 低 空气 潮湿 池子 有空
    透气 搬家 阵 雷声

15. 湖 闭 醒 突然 主意 甩 扇 安静 开始 极

16. 蚕 姑娘 桑叶 脱 瘦 旧 每天 吐出 茧子 蛾
    有趣 试一试

17. 懒汉 偷 邻居 煮 顿 痒 叮 难受 老天爷

	jiào xun	mà	zhì bìng	diū	shì qing	jiě kāi		
	教训	骂	治病	丢	事情	解开		

	guàn tou	sēn lín	rēng	jiǎn qi lai	hěn hěn	zá	luàn	pí	hòu	kēng
18.	罐头	森林	扔	捡起来	狠狠	砸	乱	皮	厚	坑

mái	bù guǎn	lā jī xiāng
埋	不管	垃圾箱

	shēng xiào	chuán shuō	yù dì	pái dìng	cān jiā	guāng tū tū	jiè
19.	生肖	传说	玉帝	排定	参加	光秃秃	借

tiāo chū	féi	cóng cǐ	huán	chén dǐ
挑出	肥	从此	还	沉底

	hú zi	tàn xiǎn	pì gu	dèng yǎn	dòng wù yuán	jìng lǐ	bā ge	piàn
20.	胡子	探险	屁股	瞪眼	动物园	敬礼	八哥	骗

	hé shàng	miào	tiāo shuǐ	tǒng	yīng gāi	shǎ guā	yuàn yì	liǎ	wàng
21.	和尚	庙	挑水	桶	应该	傻瓜	愿意	俩	望

yóu dēng	miè huǒ	zhōng yú	tuán jié	hé zuò
油灯	灭火	终于	团结	合作

共计254个生词

生词表（繁）

1. 撈(lāo) 已經(yǐ jīng) 往(wǎng) 啦(la) 倒(dào) 掛(guà) 另(lìng) 碰(pèng) 看見(kàn jiàn) 嘆氣(tàn qì) 呢(ne)
2. 留(liú) 打網球(dǎ wǎng qiú) 不過(bú guò) 拿(ná) 拍子(pāi zi) 完(wán) 禮物(lǐ wù) 傷心(shāng xīn) 上網(shàng wǎng) 面對面(miàn duì miàn) 晚上(wǎnshang) 打電話(dǎ diàn huà) 北京(běi jīng) 喂(wèi)
3. 支(zhī) 從前(cóng qián) 貪心(tān xīn) 神仙(shén xiān) 射箭(shè jiàn) 一下子(yí xià zi) 金銀珠寶(jīn yín zhū bǎo) 老虎(lǎo hǔ) 嚇壞(xià huài) 滾(gǔn) 著急(zháo jí)
4. 馬虎(mǎ hu) 故事(gù shi) 畫家(huà jiā) 覺得(jué de) 幅(fú) 好玩兒(hǎo wánr) 墙(qiáng) 匹(pǐ) 以為(yǐ wéi) 咬(yǎo) 燒(shāo) 形容(xíng róng) 粗心(cū xīn) 認真(rèn zhēn)
5. 拔牙(bá yá) 害怕(hài pà) 糖(táng) 從來(cóng lái) 送(sòng) 甜(tián) 疼(téng) 大夫(dài fu) 連(lián) 不敢(bù gǎn)
6. 嗎(ma) 拍(pāi) 呀(ya) 語文(yǔ wén) 數學(shù xué) 體育(tǐ yù) 加(jiā) 等於(děng yú) 祇有(zhǐ yǒu) 知道(zhī dào) 告訴(gào su) 一共(yí gòng) 抓住(zhuā zhù)
7. 指甲(zhǐ jia) 醫院(yī yuàn) 抱(bào) 講(jiǎng) 哭(kū) 可以(kě yǐ) 長大(zhǎng dà) 開始(kāi shǐ) 反(fǎn)
8. 服裝店(fú zhuāng diàn) 舞會(wǔ huì) 蛇(shé) 老闆(lǎo bǎn) 高跟鞋(gāo gēn xié) 上衣(shàng yī) 口袋(kǒu dài) 毛衣(máo yī) 熱(rè) 背心(bèi xīn) 裙子(qún zi) 一會兒(yí huìr) 雙(shuāng) 月光(yuè guāng) 響(xiǎng) 夜晚(yè wǎn)

9. 薯條 吃飯 盒 一邊……一邊…… 食堂 糟糕 賣
   排隊 笑眯眯 道理 一點兒 吃虧

10. 良 父母 生活 苦 後來 關 座 閃閃發光
    衛士 急忙 越來越 浪

11. 缸 幹活 挖 縣官 搶 假 破 不但……還……

12. 調皮 開玩笑 吹 活動 熊 怕冷 窗戶 野外
    滑冰 神氣 琴師 拉琴 化

13. 養 玉米 大娘 核桃 分 下蛋 奇怪 發生 蛋殼
    鑽出 鱷魚 撲通 鴕鳥 沙漠

14. 採花 燕子 悶 喊 低 空氣 潮濕 池子 有空
    透氣 搬家 陣 雷聲

15. 湖 閉 醒 突然 主意 甩 搧 安靜 開始 極

16. 蠶 姑娘 桑葉 脫 瘦 舊 每天 吐出 繭子 蛾
    有趣 試一試

17. 懶漢 偷 鄰居 煮 頓 癢 叮 難受 老天爺

生词表（繁）

	jiào xun	mà	zhì bìng	diū	shì qing	jiě kāi			
	教訓	罵	治病	丟	事情	解開			

18. 罐頭 森林 扔 撿起來 狠狠 砸 亂 皮 厚 坑
　　guàn tou　sēn lín　rēng　jiǎn qi lai　hěn hěn　zá　luàn　pí　hòu　kēng

　　埋 不管 垃圾箱
　　mái　bù guǎn　lā jī xiāng

19. 生肖 傳說 玉帝 排定 參加 光禿禿 借
　　shēng xiào　chuán shuō　yù dì　pái dìng　cān jiā　guāng tū tū　jiè

　　挑出 肥 從此 還 沉底
　　tiāo chū　féi　cóng cǐ　huán　chén dǐ

20. 鬍子 探險 屁股 瞪眼 動物園 敬禮 八哥 騙
　　hú zi　tàn xiǎn　pì gu　dèng yǎn　dòng wù yuán　jìng lǐ　bā ge　piàn

21. 和尚 廟 挑水 桶 應該 傻瓜 願意 倆 望
　　hé shàng　miào　tiāo shuǐ　tǒng　yīng gāi　shǎ guā　yuàn yì　liǎ　wàng

　　油燈 滅火 終於 團結 合作
　　yóu dēng　miè huǒ　zhōng yú　tuán jié　hé zuò

共計254個生詞

偏旁部首表

亻	双人旁（很 得 往）	刂	立刀旁（到 刷 刚）
纟	绞丝旁（红 绿）	疒	病字旁（病 疼）
牜	牛字旁（物 特）	米	米字旁（糖 粗）
攵	反文旁（教 做 收）	饣	食字旁（馋 饭）
钅	金字旁（钱 银）	石	石字旁（碰 破）
礻	示字旁（神 礼）	车	车字旁（辆）
冫	两点水（净 凉）		

新双双中文教材
New Chinese Language and Culture Course

练习本 Workbook

第四册 单课 4A

王双双 编著

北京大学出版社
PEKING UNIVERSITY PRESS

NanHai
BRIDGING EAST & WEST

目 录

第一课　猴子捞月亮 …………………………………… 1

第三课　三支神箭 ……………………………………… 6

第五课　老虎拔牙 ……………………………………… 10

第七课　妈妈和我 ……………………………………… 14

第九课　买薯条 ………………………………………… 18

第十一课　宝缸 ………………………………………… 21

第十三课　大鸡蛋，小鸡蛋 …………………………… 24

第十五课　买梦 ………………………………………… 28

第十七课　骂鸭 ………………………………………… 32

第十九课　生肖的传说 ………………………………… 37

第二十一课　三个和尚 ………………………………… 42

第一课 猴子捞月亮

练习一 练习二 练习三

一 写生词

捞					
往					
啦					
呢					
另	一	个			

已	经				
倒	挂				
碰	到				
叹	气				

二 组词

捞_____   经_____   倒_____   叹_____

往_____   另_____   到_____   碰_____

三 选合适的字填在空格中组词,并写出来

		已				
捞		亮		另	一	
		倒				
	叹			碰		

1._____ 2._____

3._____ 4._____

5._____ 6._____

第一课 猴子捞月亮 练习一

四 选字填空

1. 小明起晚了，上学迟_____了。（到　倒）

2. 岳飞把沙子_____在地上。（到　倒）

3. 上课了，_____说话。（别　另）

4. 大猴子拉住了_____一只猴子的脚。（别　另）

5. 汽车_____山上开呢。（往　住）

6. 我家_____在上海。（往　住）

五 读两遍课文前三段（有语气）

第一课 猴子捞月亮

练习一　　**练习二**　　练习三

一 抄课文（包括标点符号）

老猴子倒挂在树上，拉住大猴子的脚。大猴子拉住另一只猴子的脚。

二 选择填空

1. 一只小猴子在井边_____。

   A. 打篮球　　　　B. 打秋千　　　　C. 玩儿

2. 他往井里一看，_____。

   A. 井里有个月亮　　B. 井里有清水　　C. 井里有青蛙

3. 小猴子叫起来："不好啦，月亮掉到井里啦！"

   _____

   A. 小猴子说得对　　B. 小猴子说得不对

第一课 猴子捞月亮

练习一 　★练习二　 练习三

4. 猴子们爬上了_____一棵大树。

　　A. 井边的　　　　B. 河边的

5. 小猴子挂在最下边，伸手去捞月亮，可是_____。

　　A. 捞到月亮了　　B. 没有捞到月亮

三　按偏旁部首分类

| 捞 | 往 | 拉 | 绿 | 挂 | 红 | 得 | 抬 |

扌—提手旁 _____ _____ _____ _____

彳—双人旁 _____ _____ _____ _____

纟—绞丝旁 _____ _____ _____ _____

四　读两遍课文后两段（有语气）

第一课 猴子捞月亮

练习一　　练习二　　**练习三**

一　缩写练习

　　1. 小猴子在井里看到什么了？
　　_____

　　2. 猴子是怎样捞月亮的？
　　_____

　　3. 猴子捞到月亮没有？
　　_____

　　把上边你写的句子连起来，就是《猴子捞月亮》的缩写

　　_____

　　_____

　　_____

二　读儿歌《小猴和月亮》

第三课 三支神箭

练习一　　练习二　　练习三

一　写生词

支					
滚					
从	前				
贪	心				
神	仙				

射	箭				
金	银				
珠	宝				
吓	坏				
着	急				

二　组词

神_____　　金_____　　珠_____　　贪_____

射_____　　吓_____　　急_____　　从_____

三　量词练习（圈出正确的字）

1. 一只 ➡ 笔　(虎)　箭　鸟

2. 一支 ➡ 笔　虎　箭　鸟

四　读两遍课文

第三课 三支神箭

练习一　　**练习二**　　练习三

一　抄课文

这个人非常高兴，马上射出了一支神箭，大声叫道："我什么都要！"一下子，金银珠宝飞来了，老虎、狮子也跑来了。

二　造句

着急＿＿＿＿＿＿＿＿＿＿＿＿＿＿＿＿＿＿＿＿＿＿＿

三　按偏旁部首分类

| 银 | 神 | 完 | 钱 | 礼 | 宝 |

钅— 金字旁＿＿＿＿　＿＿＿＿

礻— 示字旁＿＿＿＿　＿＿＿＿

宀— 宝盖头＿＿＿＿　＿＿＿＿

四　读儿歌《小鱼玩儿水》

| 第三课 三支神箭 | 练习一 | 练习二 | 练习三 |

一 写出偏旁部首,并写出三个带有这个偏旁的字

    1. 宝盖头（　　）_____ _____ _____

    2. 王字旁（　　）_____ _____ _____

    3. 金字旁（　　）_____ _____ _____

二 缩写课文第二段

    提示：1. 第一支神箭射出后，发生了什么?

           2. 第二支神箭射出后，发生了什么?

           3. 第三支神箭射出后呢?

_____

_____

_____

_____

三 把"三支神箭"的故事讲给家人听

第三课 三支神箭

练习一　　练习二　　**练习三**

四 字词游戏

① 哪个字中有"公"字？圈出来。

② 哪个字中有"今"字？圈出来。

五 口头编故事

• 如果小老鼠有了一支神箭，它想做什么？

　　提示：1. 它想得到一块大大的巧克力糖

　　　　　2. 它想让猫怕老鼠

• 如果你有了一支神箭，你想……

第五课 老虎拔牙

练习一　　　练习二　　　练习三

一 写生词

糖					
送					
甜					
疼					
连					

拔	牙				
害	怕				
大	夫				
不	敢				

二 组词

拔_____　　害_____　　夫_____　　送_____

糖_____　　疼_____　　敢_____　　刷_____

三 根据课文判断对错

1. 狐狸送给老虎的礼物是糖。　　___对___错

2. 老虎吃糖太多，又不刷牙。　　___对___错

3. 狐狸喜欢老虎。　　___对___错

四 读两遍课文前两段

第五课 老虎拔牙

练习一　　练习二　　练习三

一　按偏旁部首分类

病　边　疼　粗　连　糖

米 — 米字旁 _____　_____

辶 — 走之旁 _____　_____

疒 — 病字旁 _____　_____

二　圈出每个字的偏旁部首，写出这个偏旁部首的名称

⊙病　病字旁_____　　⊙拔 _____

⊙糖 _____　　⊙连 _____

⊙礼 _____　　⊙敢 _____

第五课 老虎拔牙

练习二

三 选词填空

> 牙疼　全坏了　不敢

不久，老虎_____了，它去找马大夫拔牙。马大夫一听，吓得连门也_____开。老虎疼得哇哇叫。这时，狐狸来了，说："我来拔吧，可是你的牙_____。"老虎说："只要牙不疼，就拔吧！"

四 造句

害怕_____

常常_____

五 读两遍课文最后三段

第五课 老虎拔牙

练习一　　练习二　　**练习三**

一　选择填空

1. 老虎吃糖太多，又不刷牙，所以_____。

   A. 牙坏掉了　　B. 牙越长越好　　C. 牙不会坏掉

2. 狮子说糖吃多了要刷牙，但是老虎听了_____。

   A. 狐狸的话　　B. 狮子的话　　C. 马大夫的话

二　缩写课文第四、五段

_____

_____

_____

三　回答问题

1. 老虎的牙为什么坏了？

   _____

2. 你爱吃糖吗？你的牙坏了没有？

   _____

四　读儿歌《刷牙歌》和快板《大老虎，牙尖尖》

第七课 妈妈和我

练习一　　练习二　　练习三

一　写生词

抱				
讲				
哭				
反				

指	甲			
医	院			
开	始			

二　圈出词语，并写下来

指	医	讲	院	开
长	开	院	故	始
抱	反	大	指	事
始	哭	甲	反	了

1. _____　2. _____　3. _____　4. _____

5. _____　6. _____　7. _____

第七课 妈妈和我

练习一　　　练习二　　　练习三

三　写出下列字的拼音，再圈出每组字中的相同部分

讲_____　　　院_____　　　始_____

井_____　　　完_____　　　台_____

四　看看下面两块牌子上写的是什么，你再写一遍

| 上海中山路小学 | 北京医院 |

_____　　　_____

五　根据课文判断对错

1. 妈妈买花衣服，也给我买小花衣服。　　___对___错

2. 妈妈讲故事妹妹哭，我不喜欢妹妹了。　　___对___错

3. 我爱弟弟也爱妹妹。　　___对___错

六　读两遍课文

第七课 妈妈和我

练习一　　练习二　　练习三

一　选词填空

> 医院　抱　开始　反了

1. 妈妈去医院生娃娃，_____回一个弟弟。

2. 我不喜欢弟弟了，问妈妈："可不可以把他送回_____？"妈妈说："不可以。"

3. 弟弟慢慢长大了，我_____爱他了。

4. 我读书，他也读书，可是书拿_____。

二　按偏旁部首分类

| 快 | 讲 | 始 | 诉 | 慢 | 奶 |

女 — 女字旁_____　_____

讠— 言字旁_____　_____

忄— 竖心旁_____　_____

三　造句

开始_____

四　读两遍课文第三段

第七课 妈妈和我

练习一　练习二　**练习三**

一　介绍你的家人，画一张"家庭树"（可加照片）

提示：家庭成员

爷爷　奶奶　外公　外婆

爸爸　妈妈　伯伯　叔叔　姑姑　舅舅　阿姨

哥哥　姐姐　弟弟　妹妹

（可根据情况进行增加）

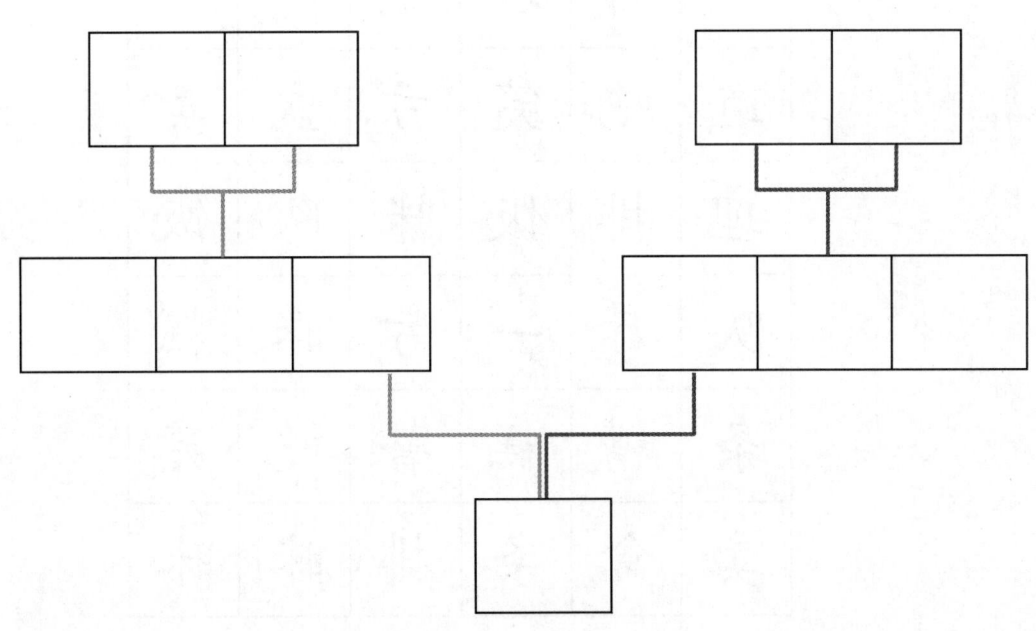

第九课 买薯条

练习一　　　练习二　　　练习三

一　写生词

盒					
卖					
薯	条				
吃	饭				
食	堂				

糟	糕				
排	队				
道	理				
吃	亏				
笑	眯	眯			

二　圈出词语，并写下来

薯	排	理	吃	一	亏
道	吃	笑	亏	盒	卖
理	排	饭	眯	队	饭
队	厅	一	亏	眯	糕
条	糟	糕	薯	吃	笑
卖	盒	条	排	眯	眯

1._____ 2._____ 3._____ 4._____ 5._____

6._____ 7._____ 8._____ 9._____ 10._____

第九课 买薯条

练习二

一　写出反义词

笑　空　慢　圆　短　旧

满_____　　长_____　　方_____

快_____　　哭_____　　新_____

二　按偏旁部首分类

馋　院　糖　队　粗　饭

米—米字旁_____　_____

饣—食字旁_____　_____

阝—双耳旁_____　_____

三　造句

一边……一边……_____

食堂_____

四　读两遍课文

第九课 买薯条

练习一　练习二　**练习三**

一　读《我爱吃北京烤鸭》

胡斯年　11岁

夏天，我们全家回到了中国，我第一次吃到了北京烤鸭，可香了！

我们去了一个小饭馆儿。爸爸要了一只烤鸭。烤鸭油光发亮，热气带着香味直往我的鼻子里钻。我本来不爱吃肉，但是一看到这只烤鸭，我的口水都要流出来了。

最让我好奇的是吃烤鸭的方法：打开一张小薄饼(báo bǐng)，放葱(cōng)，放酱(jiàng)，放几片烤鸭，卷(juǎn)好了吃。烤鸭吃到嘴里可香了，我连吃了五个。

最后，我们挺(tǐng)着肚子，面带微(wēi)笑离开了饭馆儿。

二　找出文章中你喜欢的两个句子，并写下来

1. _____

2. _____

三　读儿歌《北京烤鸭》

第十一课 宝缸

★ 练习一　　☆ 练习二　　☆ 练习三

一 写生词

缸					
挖					
抢					
假					

破					
干	活				
县	官				
不	但				

二 组词

县＿＿＿＿　　活＿＿＿＿　　挖＿＿＿＿　　缸＿＿＿＿

官＿＿＿＿　　抢＿＿＿＿　　假＿＿＿＿　　破＿＿＿＿

三 按偏旁部首分类

抢　官　假　挖　宝　仙

亻—单人旁＿＿＿＿＿　＿＿＿＿＿

扌—提手旁＿＿＿＿＿　＿＿＿＿＿

宀—宝盖头＿＿＿＿＿　＿＿＿＿＿

四 读两遍课文

第十一课
宝缸

练习一 ★ 练习二 ☆ 练习三

一 抄课文

　　县官一共拉出九个爸爸，缸里还站着一个爸爸。他傻了，急忙说："谁是我的真爸爸？"十个老头都说自己是真的，别人是假的。

二 造句

　　不但……还……＿＿＿＿＿＿＿＿＿＿＿＿＿＿＿＿

　　一不小心＿＿＿＿＿＿＿＿＿＿＿＿＿＿＿＿＿＿＿

三 写出反义词

满　真　关　甜

苦＿＿＿　　假＿＿＿　　空＿＿＿　　开＿＿＿

第十一课 宝缸

练习一　　练习二　　**练习三**

一　画一画"宝缸"的故事，在图下写一句话

1	2
有个农民找到一个水缸。	_____

3	4
_____	_____

5	6
_____	_____

第十三课 大鸡蛋，小鸡蛋

★ 练习一　　☆ 练习二　　☆ 练习三

一　写生词

养					
分					
玉	米				
大	娘				
核	桃				
奇	怪				

蛋	壳				
钻	出				
鳄	鱼				
扑	通				
鸵	鸟				
沙	漠				

二　用圈里的字组词

1._____ 2._____ 3._____ 4._____ 5._____

6._____ 7._____ 8._____ 9._____ 10._____

玉　师　滑　化
琴　米　窗　讲　笑
怕　野　外　雪　冷
开　户　分　玩
故　事　冰

第十三课 大鸡蛋，小鸡蛋

练习一　　练习二　　练习三

一　选字组词

（核　孩）桃　　海（娘　浪）　　（沙　少）漠

（核　孩）子　　鸵（鸡　鸟）　　（沙　少）数

二　组新字

目＋米→□　　鸟＋它→□　　虫＋它→□

八＋刀→□　　女＋良→□　　王＋元→□

几＋木→□　　北＋月→□　　木＋木→□

三　把下面的字加上一笔变成新字，写在方框里

例：大→太

王→□　　日→□　　木→□

白→□　　大→□　　口→□

十→□　　人→□　　了→□

第十三课
大鸡蛋，小鸡蛋

练习一　　**练习二**　　练习三

四　写出下列汉字中不同的偏旁部首

核桃　　大娘　　钻出　　扑通　　沙漠　　*鸵鸟

1.＿＿＿＿＿＿　　2.＿＿＿＿＿＿　　3.＿＿＿＿＿＿

4.＿＿＿＿＿＿　　5.＿＿＿＿＿＿　　6.＿＿＿＿＿＿

五　根据课文判断对错

1. 黑熊想要养鸭。　　　　　　　　　　　　　　　＿＿对＿＿错

2. 狐狸大娘拿出的蛋有大有小。　　　　　　　　　＿＿对＿＿错

3. 黑熊把蛋拿回家，放在河边。　　　　　　　　　＿＿对＿＿错

4. 蛋里钻出了小乌龟、小鸡和小鸵鸟。　　　　　　＿＿对＿＿错

5. 黑熊没有得到小鸡。　　　　　　　　　　　　　＿＿对＿＿错

六　读两遍课文（有语气）

七　把"大鸡蛋，小鸡蛋"的故事讲给家人听

第十三课 大鸡蛋，小鸡蛋

练习一　　练习二　　练习三

一　缩写课文《大鸡蛋，小鸡蛋》（不少于五句）

_____

_____

_____

_____

二　根据《老鼠嫁女》选择正确答案

1. 老鼠家里办喜事，_____。

   A. 有个儿子要出嫁　　B. 有个女儿要上学　　C. 有个女儿要出嫁

2. 老鼠爸爸很_____。

   A. 糊涂　　B. 聪明

3. 老鼠女儿坐花轿，一抬_____。

   A. 抬到猴子家　　B. 抬到青蛙家　　C. 抬到猫咪家

4. 大风怕什么？_____

   A. 太阳　　B. 老鼠　　C. 高墙

三　表演《老鼠嫁女》

第十五课 买梦

练习一 　　练习二　　练习三

一　写生词

湖					
闭					
醒					
甩					
扇					

极					
突	然				
主	意				
安	静				
开	始				

二　组词

闭＿＿＿＿　　突＿＿＿＿　　主＿＿＿＿　　安＿＿＿＿

扇＿＿＿＿　　始＿＿＿＿　　甩＿＿＿＿　　湖＿＿＿＿

三　写出反义词

买—□　　早上—□　　高兴—□

笑—□　　左边—□　　睡着—□

四　读两遍课文

第十五课 买梦

练习一　**练习二**　练习三

一　抄课文

红金鱼说："我没有。"说完就游走了。她那红红的尾巴在绿绿的湖水里，一甩，一甩。

二　造句

安静_____

突然_____

三　根据课文判断对错

1. 小青蛙坐在荷叶上，忙着吃小鱼。　　　___对___错

2. 小青蛙梦见和黑金鱼在水里做游戏。　　___对___错

3. 白天鹅把梦卖给小青蛙。　　　　　　　___对___错

4. 小青蛙买不到梦。　　　　　　　　　　___对___错

5. 小青蛙做了一个好玩儿的梦。　　　　　___对___错

第十五课 买梦 练习二

四 选词填空

> 雪白的　绿绿的　一甩一甩
> 红红的　蓝蓝的　一扇一扇

1. 红金鱼说完就游走了。她那_____尾巴在_____湖水里，_____。

2. 白天鹅说："我不卖梦。"说完飞上天空。她那_____大翅膀，在_____天空里，_____。

五 "湖"字由几个部分组成？写出来

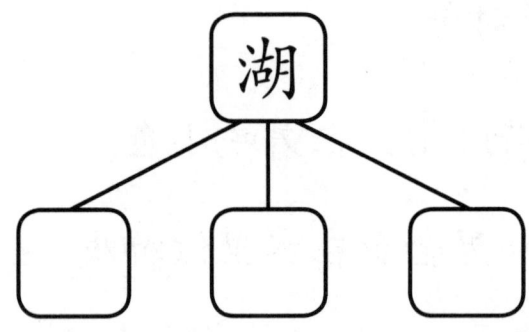

第十五课 买梦　　练习一　练习二　**练习三**

一 选字填空

1. 老师让同学们做_____业。　　（作　昨）

2. _____天晚上，大家一起去看电影了。（作　昨）

3. 小明是这只狗的_____人。　　（住　主）

4. 你_____在哪儿？　　（住　主）

5. 上课了，教室里很安_____。　　（静　清）

二 读儿歌《量词歌》再填空

　　个　只　片　双　扇　头　条　四

一 □ 人　　一 □ 鞋　　一 □ 毛巾

一 □ 鸟　　一 □ 狗　　一 □ 鱼

一 □ 马　　一 □ 蛇　　一 □ 手

一 □ 牛　　一 □ 路　　一 □ 窗

一 □ 羊　　一 □ 河　　一 □ 门

第十七课 骂鸭

★ 练习一   ☆ 练习二   ☆ 练习三

一 写生词

偷					
煮					
顿					
痒					
叮					
骂					
丢					

懒	汉				
邻	居				
难	受				
教	训				
治	病				
事	情				
解	开				

二 "解"字由几个部分组成？写出来

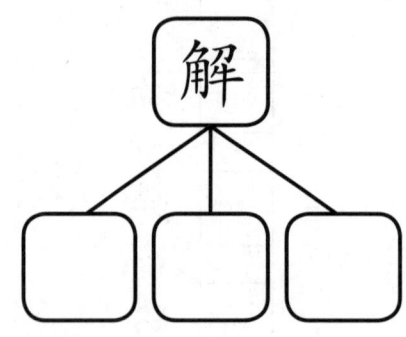

第十七课 骂鸭

练习一 练习二 练习三

三 用圈里的字组词

1._____ 2._____ 3._____ 4._____ 5._____

6._____ 7._____ 8._____ 9._____ 10._____

受 汉
邻 教 治 叮
顿 居
丢 训 难 人
病 懒
咬

四 选词填空

| 没钱　极了　衣服　一顿　直流　发痒 |

解开_____　　口水_____　　手头_____

难受_____　　吃了_____　　身上_____

第十七课 骂鸭

练习二

一 根据课文判断对错

1. 懒汉什么活也不干。 ___对___错

2. 懒汉偷吃了邻居的鸭子，身上长出鸡毛。 ___对___错

3. 懒汉身上有鸭毛，很暖和。 ___对___错

4. 懒汉求老爷爷骂他。 ___对___错

5. 懒汉后来好好儿种田了。 ___对___错

二 选词填空

1. 他妈妈是中学的数学_____。 （教师　教室）

2. 学校里有一排排的_____。 （教室　教训）

3. 懒汉得了一个_____。 （教室　教训）

4. _____家有一条大黄狗。 （邻居　居住）

| 第十七课 骂鸭 | 练习一 | **练习二** | 练习三 |

三　缩写课文《骂鸭》（不少于五句）

_____

_____

_____

_____

_____

第十七课 骂鸭

练习一　练习二　★ 练习三

一 量词填空

| 顿　杯　张　根　袋　件　个　块　支 |

一 □ 茶　　一 □ 衣服　　一 □ 点心

一 □ 笔　　一 □ 桌子　　一 □ 米

一 □ 饭　　一 □ 西瓜　　一 □ 木头

二 填写适当的量词

1. 弟弟的屋子里有一（　　）床，一（　　）桌子，两（　　）椅子。卫生间里挂着三（　　）毛巾。

2. 我们家有三（　　）睡房，一（　　）客厅。

3. 我早饭和晚饭在家吃，中午在学校吃一（　　）。

三 读两遍课文

四 根据《金斧头》回答问题

1. 诚实不小心把斧头掉进河里，后来发生了什么？

2. 贪心的孩子从老人手里拿到了金斧头，后来呢？

第十九课 生肖的传说

练习一　　　练习二　　　练习三

一　写生词

借					
肥					
生	肖				
传	说				
玉	帝				

参	加				
挑	出				
从	此				
沉	底				
光	秃	秃			

二　组词

肖_____　　帝_____　　挑_____　　参_____　　借_____

秃_____　　沉_____　　传_____　　肥_____　　排_____

三　选字组词

国_____（王　玉）　　　　（湖　蝴）_____蝶

（湖　蝴）_____水　　　　传_____（讲　说）

37

第十九课 生肖的传说

练习一　**练习二**　练习三

一　组新字，读一读

月+巴→□　　禾+几→□

月+半→□　　力+口→□

读：月+巴 → 肥　　禾+几 → 秃

　　古+月 → 胡　　力+口 → 加

二　写出反义词

　　　北方　入口　还　白天

黑夜—□　　　　出口—□

借—□　　　　　南方—□

三　根据课文判断对错

1. 中国的生肖一共20个。　　　　　　　___对___错

2. 猫和老鼠原来是好朋友。　　　　　　___对___错

3. 公鸡把角借给了蛇哥哥。　　　　　　___对___错

4. 玉帝选了牛、马、猫等动物做生肖。　___对___错

5. 中国人都有生肖。　　　　　　　　　___对___错

第十九课
生肖的传说

练习一　　**练习二**　　练习三

四　选词填空

> 生肖　光秃秃　还　沉到　十二　借

1. 玉帝要开一个动物大会，给人们排定_____。

2. 龙哥哥很神气，只是头上_____的。

3. 公鸡把角_____给了龙。

4. 玉帝选出了_____种动物，作为人的生肖。

5. 公鸡对龙说："请把角_____给我吧。"

6. 龙不想还角，就_____水底。

五　你的生肖是什么？

_____

六　读两遍课文

第十九课 生肖的传说

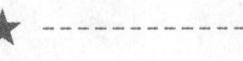练习一 练习二 ★ 练习三

一 给多音字加拼音

1. 爷爷都70岁了,但还是天天运动。(　　　　)

2. 借别人的东西一定要还。(　　　　)

二 造句

借_____

三 缩写《生肖的传说》(不少于五句)

_____

_____

_____

_____

_____

_____

第十九课 生肖的传说

练习三

四 这是一张全家的生肖图,猜一猜:

爸爸属_____

五 画一张你家的生肖图留作纪念

第二十一课 三个和尚

练习一　　练习二　　练习三

一　写生词

庙					
桶					
俩					
望					
和	尚				
应	该				

愿	意				
油	灯				
灭	火				
终	于				
团	结				
合	作				

二　组词

挑_____　　应_____　　油_____　　傻_____

终_____　　团_____　　合_____　　桶_____

三　造句

1. 应该_____

2. 终于_____

第二十一课 三个和尚

练习一　　**练习二**　　练习三

一　用下列词语做一个组词方框

挑水　　应该　　油灯　　傻瓜

终于　　团结　　合作　　水桶

二　写出反义词

慢　聪明　短　坏　胖　笑

瘦—□　　长—□　　傻—□

快—□　　哭—□　　好—□

三　读两遍课文

第二十一课 三个和尚

练习一　　练习二　　**练习三**

一　选词填空

1. 缸里的水_____。　　　　　　　　　　（满了　满分）

2. 三个和尚都不_____，水缸空了。　　　（干活　终于）

3. 大火_____被扑灭了。　　　　　　　　（干活　终于）

4. 大火后，三个和尚明白了：_____团结合作。

（不该　应该）

二　根据课文判断对错

1. 瘦和尚一人住在山上，自己挑水喝。　　　___对___错

2. 胖和尚不挑水，瘦和尚不高兴。　　　　　___对___错

3. 小和尚天天挑水。　　　　　　　　　　　___对___错

4. 大火以后三个和尚团结合作了。　　　　　___对___错

三　缩写课文《三个和尚》（不少于五句）

_____

_____

_____

第二十一课 三个和尚　　练习一　　练习二　　**练习三**

_____

_____

_____

四 回答问题

要是你是三个和尚中的一个，你觉得怎样挑水最公平？

提示：1. 我就不挑水，让你俩去。

　　　2. 三个人，每人一天轮流挑水。

　　　3. 我可以天天挑水。

　　　4. 其他办法。

_____

_____

_____

第一课　听写

1.	2.	3.	4.
5.	6.	7.	8.
9.	10.	11.	12.

第三课　听写

1.	2.	3.	4.
5.	6.	7.	8.
9.	10.	11.	12.

第五课　听写

1.	2.	3.	4.
5.	6.	7.	8.
9.	10.	11.	12.

第七课　听写

1.	2.	3.	4.
5.	6.	7.	8.
9.	10.	11.	12.

第九课　听写

1.	2.	3.	4.
5.	6.	7.	8.
9.	10.	11.	12.

第十一课　听写

1.	2.	3.	4.
5.	6.	7.	8.
9.	10.	11.	12.

第十三课　听写

1.	2.	3.	4.
5.	6.	7.	8.
9.	10.	11.	12.

第十五课　听写

1.	2.	3.	4.
5.	6.	7.	8.
9.	10.	11.	12.

第十九课　听写

1.	2.	3.	4.
5.	6.	7.	8.
9.	10.	11.	12.

第二十一课　听写

1.	2.	3.	4.
5.	6.	7.	8.
9.	10.	11.	12.

1.	2.	3.	4.
5.	6.	7.	8.
9.	10.	11.	12.

1.	2.	3.	4.
5.	6.	7.	8.
9.	10.	11.	12.

1.	2.	3.	4.
5.	6.	7.	8.
9.	10.	11.	12.

1.	2.	3.	4.
5.	6.	7.	8.
9.	10.	11.	12.

1.	2.	3.	4.
5.	6.	7.	8.
9.	10.	11.	12.

1.	2.	3.	4.
5.	6.	7.	8.
9.	10.	11.	12.

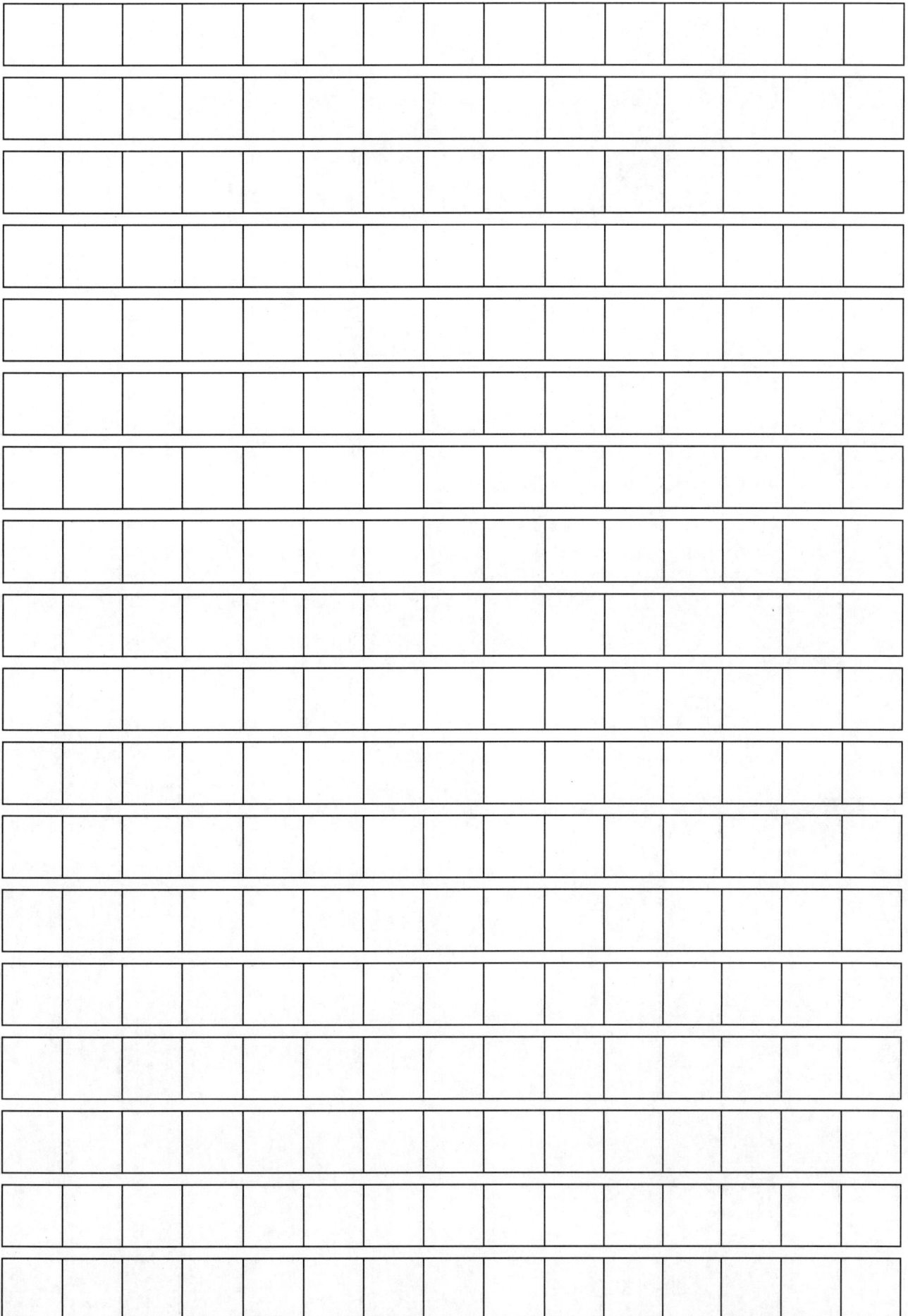